# J'ÉTAIS PLUS AMÉRICAIN QUE LES AMÉRICAINS

T0079828

# J'ÉTAIS PLUS AMÉRICAIN QUE LES AMÉRICAINS

SYLVÈRE LOTRINGER
EN CONVERSATION AVEC
DONATIEN GRAU

DIAPHANES

Ma première visite à Sylvère Lotringer remonte à une dizaine d'années. J'étais à l'époque un tout jeune universitaire français qui travaillait surtout sur l'histoire littéraire des XIX<sup>e</sup> et XX<sup>e</sup> siècles. À Los Angeles pour retrouver Paul McCarthy, j'avais le sentiment que ma rencontre avec Sylvère m'ouvrirait les portes de L.A. Je savais que Sylvère cherchait à bâtir des ponts entre la *French Theory*, dont il avait présenté et souvent suscité les tendances les plus neuves, les plus audacieuses et les plus artistiques, et les lieux où elle se révélait, de New York à Los Angeles, en passant par les déserts du Nouveau-Mexique. Je n'ignorais pas non plus les conversations de Sylvère en faveur de Pierre Guyotat, l'auteur et artiste légendaire dont je commençais à être proche.

Je me souviens que Sylvère était assis à l'ombre, protégé du soleil californien. Au début, il semblait se comporter comme s'il recevait quelque chercheur ennuyeux. Il a évoqué Columbia et le choix d'Antoine Compagnon d'étudier l'histoire littéraire. Nous avons à peine mentionné *Semiotext(e)*, la revue qu'il avait créée en 1974. Au fil des ans, cependant, profitant de séjours de plus en plus fréquents dans la «cité des Anges», je passerais le voir régulièrement. À partir de 2014, nous avons entamé le processus d'entretiens proprement dit. Le tout premier a été pour le magazine *Purple*. Olivier Zahm, son rédacteur en chef, l'avait fondé en hommage à ce qu'avait représenté *Semiotext(e)* tout au long des années 1970 et 1980. Nous avons travaillé sans relâche sur le texte, puis, une fois achevé et publié, j'ai senti – et, m'a-t-il semblé, Sylvère aussi – que nous avions besoin de quelque chose de plus. Je lui ai alors proposé de poursuivre nos conversations. C'est ce que nous avons fait pendant les cinq années suivantes, et c'est ce que vous allez lire.

La première, parue dans *Purple*, donne un aperçu de la vie de Sylvère. Lui-même a réalisé de nombreux entretiens pour *Semiotext(e)* : c'est un interviewer hors pair. Dans ses archives, je ne l'ai pas recueilli, existe un entretien où c'est lui qui m'interroge. Peut-être du fait de mon travail sur la façon dont Proust avait absorbé Sainte-Beuve, j'avais senti qu'il manquait dans nos échanges un portrait de lui, incluant ses amitiés, son enseignement, certaines dimensions qui lui tenaient à cœur. Tel est aussi ce livre. Certaines conversations se sont déroulées en privé, chez lui ; d'autres, deux en tout, en public, dans l'espace « The Box » de Mara McCarthy. La première s'inscrivait dans un cycle de discussions que j'y avais organisées sous le titre « Anatomie de la subversion ». La seconde avait pour cadre une conversation sur Pierre Guyotat, à l'occasion de son exposition avec Christoph von Weyhe au même endroit.

En cours de route, grâce à Sylvère, j'ai pu rencontrer Iris Klein, passer du temps avec Noura Wedell, Hedi El Kholti et Chris Kraus et apprécier leur travail collectif au sein de *Semiotext(e)*. Par ces conversations, je n'ai eu d'autre ambition que de donner une idée de l'extraordinaire personne qu'est Sylvère Lotringer. Elles ont beau ne fournir que des aperçus de son être, elles restent d'une grande richesse. Merci Sylvère de m'avoir accepté comme partenaire de ces conversations ; merci Hedi de ton amitié ; merci Iris de ta sagesse. Et merci Pierre, comme toujours.

*Donatien Grau*

# COMMENCEMENTS

**Donatien Grau.** — Tu es unanimement reconnu comme celui qui a introduit la *French Theory* aux États-Unis au cours des années 1980 et changé la face du monde de l'art de façon permanente. Cela ne s'est pas fait en un jour, je suppose.

**Sylvère Lotringer.** — Rien n'était planifié, et, à dire vrai, personne ne semblait s'y intéresser. Les éditeurs trouvaient les textes trop techniques, et les artistes en vogue haïssaient profondément les intellectuels, probablement parce qu'ils en étaient de parfaits spécimens. Les Français se passionnaient pour New York, mais ils ne savaient pas grand-chose de la ville elle-même. Moi guère plus, si ce n'est que je me rendais compte de tout son potentiel. Disons que je me trouvais au bon endroit au bon moment et que je devinais ce que je pourrais y faire, même si tout aurait pu se passer très différemment.

**D. G.** — Fils d'une famille juive polonaise de Varsovie, tu as dû vivre caché pendant la Seconde Guerre mondiale.

Plus tard, alors que tu étais encore enfant, tu as fait partie d'un groupe sioniste d'extrême-gauche. Dirais-tu que ces deux expériences – le sentiment d'appartenir à une minorité persécutée et la production d'une communauté – ont exercé une influence durable sur ton existence ?

**S. L.** — Elles ont façonné ma vie. Je me suis entraîné à surmonter n'importe quelle situation. En 1949, mes parents ont émigré en Israël pour rejoindre des parents proches qui s'étaient installés en Palestine au début des années 1930. Nous avions tellement souffert en France pendant la guerre qu'ils nous ont dit : mais venez donc ici, en Israël ! J'avais dix ans quand nous nous y sommes établis. L'État n'existait pratiquement pas. C'était le *Wild West*. Il n'y avait ni infrastructures ni économie. J'y suis resté pendant environ un an et demi. Je collectionnais les tortues et les peaux de serpent. À l'école, j'ai appris l'hébreu, mais mes parents n'ont pas trouvé les moyens de rester. Ils travaillaient tous les deux comme fourreurs, et Israël n'était pas exactement idéal pour ce métier, même s'il était tombé un peu de neige sur Jérusalem cette année-là. N'ayant pu trouver d'appartement, ils ont dit : « On a été dispersés pendant la guerre, on ne va tout de même pas se laisser disperser à nouveau en Israël. On rentre à Paris. » Et nous sommes partis.

**D. G.** — Curieusement, à ton retour en France tes parents t'ont inscrit dans un mouvement sioniste militant.

**S. L.** — Ils avaient déjà fait partie du «Mouvement», comme nous l'appelions, à Varsovie. Après la guerre, il était juste en train de renaître à Paris sur le modèle des organisations de jeunesse soviétiques. Israël était devenu mythique, même pour moi, et le Mouvement nous encourageait à le voir ainsi. Âgé de onze ans, j'étais le plus jeune et le seul à l'époque, avec ma sœur, à avoir vécu en Israël. Nous ne parlions jamais des Arabes qui y vivaient, à l'exception des sympathiques Druzes qui nous invitaient à l'occasion sous leur tente. L'idée qu'un autre peuple ait pu appartenir avant nous à cette terre et qu'il en ait été chassé en 1948 pour nous faire de la place ne nous aurait pas traversé l'esprit. Nous venions de vivre l'enfer, et l'épopée de l'*Exodus* ne remontait qu'à trois ans.

Le Mouvement avait beau être d'extrême-gauche, il n'en était pas moins sioniste. Son but était de nous éloigner de notre milieu petit-bourgeois. Notre mission était de créer, sous le nom de Baram, un kibboutz à la frontière libanaise. Il s'y trouve toujours. Le mouvement des kibboutz se trouvait alors dans sa phase ascendante. Nous allions tout partager, vêtements, livres, travail, et créer une nouvelle sorte d'êtres humains, moins en concurrence les uns avec les autres, moins individualistes. Le socialisme était une réalité. En tant que première génération de survivants du génocide, nous avions peu d'exemples à imiter. Nous parlions à peine du passé récent, sauf pour exalter l'insurrection du ghetto de Varsovie et la comparer à la résistance héroïque des Macchabées. On nous enseignait à la fois le matérialisme dialectique et la célébration des fêtes juives. On nous parlait aussi de la sexualité, mais de façon embarrassée. Nos «mentors» étaient à peine plus âgés que nous. Les sexes étaient séparés, et tout le monde se tripotait dans l'obscurité.

En France, j'étais devenu l'un des leaders du Mouvement. Je me rendais compte que tous autour de moi redoutaient que je reste trop longtemps en France et n'en vienne à m'intéresser de trop près à l'université. Selon eux, je devais faire des choix : soit je rejoignais le kibboutz pour travailler la terre, soit je commençais mes études. Pour ma part, je ne voyais pas de contradiction entre les deux. Je m'intéressais à l'art. Sur le conseil d'un professeur, j'ai fréquenté une école du soir, rue Lepic, non loin du Sacré-Cœur, où j'ai vu mes premiers modèles nus. J'ai peint des fresques dans le local du Mouvement et réalisé en son nom un journal ronéotypé – ma toute première revue –, dans lequel je reprochais à Jean-Paul Sartre ses origines bourgeoises.

**D. G.** — Est-ce à cette époque que tu as participé au projet de revue de Georges Perec, *La Ligne générale* ?

**S. L.** — Roger Kleman, le bras droit de Perec, était dans ma classe au lycée Jacques-Decourt, et nous nous disputions les prix. C'est lui qui m'a recruté. Le cercle se réunissait rue de Trévise, à un pâté de maison de chez mes parents, et tout le monde était majoritairement juif. Le philosophe marxiste Henri Lefebvre mentionnait *La Ligne générale*, d'après le titre du film de 1929 de Sergei M. Eisenstein, dans le même souffle que l'Internationale situationniste, faisant de la sorte l'éloge d'une marque spécifiquement française du romantisme révolutionnaire. Je n'ai rencontré Lefebvre que beaucoup plus tard, quand j'étais étudiant à la Sorbonne et que je lui ai demandé d'écrire un essai sur le «possible» pour le journal étudiant.

En 1958, les épreuves du baccalauréat avaient pour sujet de dissertation de philosophie : «Qu'est-ce qu'un idéal?» On s'en doute, bien peu de gens avaient la moindre notion de ce que cela pouvait bien signifier. Pour moi, à l'inverse, la question n'était pas tant philosophique que pragmatique. Ma copie avait dû paraître bien peu réflexive aux examinateurs, car j'ai été épinglé à la session de juin. J'ai dû passer l'été avec mes parents à Nice et travailler à nouveau sur Jean-Paul Sartre, cette fois de façon moins désinvolte. Mais la pression du Mouvement s'est intensifiée. Quelque vingt-cinq d'entre nous, venus de partout et du même âge, se sont retrouvés pour travailler dans une ferme expérimentale du sud de la France afin d'y développer des liens robustes avant notre départ pour Israël. L'expérience s'est révélée assez inquiétante.

Nous nous étions engagés à quitter la France dans les tout prochains mois contre la volonté de nos familles. (J'avais appris la maçonnerie de sorte à détenir une compétence sur laquelle m'appuyer.) Alors que nous vivions en communauté, on nous a soudainement enjoint de faire notre «autocritique», à la soviétique, sous les yeux de tous. Nous nous sentions à vif. Chaque soir, après une longue «confession», nous nous dispersions deux par deux, de même sexe, le long de la route longeant la ferme. Ayant vécu jusque-là en frères et sœurs, nous étions bouleversés de devoir nous regarder différemment. Cela nous paraissait véritablement incestueux. Une nuit, une voiture a dérapé et heurté un camarade, qui a été tué sur le coup. Nous nous sommes tous mis à pleurer. Nos aveux, cette mort, c'était trop.

J'étais arrivé à la ferme en retard à cause des épreuves du bac. À présent, il était clair que j'étais tenté de rester un peu plus longtemps en France, et peut-être de m'inscrire à la Sorbonne. Le Mouvement a refusé. En guise de compromis, on m'a proposé de prendre la tête de l'organisation dans la ville de Metz, qui ne possédait pas d'université. Le message était clair.

**D. G.** — Quand as-tu rencontré Georges Lapassade ?

**S. L.** — C'est le philosophe qui m'a fait passer l'oral du bac. Il m'a demandé ce que signifiait le fait de rêver d'une cheminée. Ayant remarqué ma confusion, il m'a donné son numéro de téléphone. Après lui avoir expliqué ma situation, je lui ai demandé : « Que dois-je faire ? – Pourquoi ne pas démissionner ? – Démissionner ? » L'idée ne m'avait pas traversé l'esprit. Est-ce qu'on démissionne de ses parents ? J'ai tout de même tapé ma lettre de démission et l'ai envoyée. Le Mouvement savait pertinemment que pareille lettre ne pouvait qu'avoir été inspirée de l'extérieur. Il n'y avait pas de retour possible.

Lapassade était en train de constituer un petit groupe

qui se réunissait deux fois par semaine à l'École normale supérieure de la rue d'Ulm afin de tester les lois de la dynamique de groupe de Jacob Levy Moreno. Il m'a invité à me joindre à trois autres étudiants, membres de la JC (Jeunesse communiste), qui, de toute évidence, croyaient eux aussi en un idéal. Ils faisaient partie du comité des étudiants de la Sorbonne et cherchaient un président dont la position politique ne poserait pas problème. J'ai dû paraître le candidat idéal : je venais de nulle part.

La situation en France était devenue catastrophique, et je n'y étais pas pour rien. Pendant deux ans, j'avais occupé les fonctions de responsable de *Paris-Lettres Informations*, le journal des étudiants en lettres de la Sorbonne. J'avais fait des reportages sur la torture, entretenu des contacts avec des étudiants démocrates algériens qui s'opposaient aux rebelles de droite d'Alger. Ce n'était pas ce que je m'étais attendu à faire à Paris, mais je n'avais guère le choix. La guerre d'indépendance algérienne engloutissait tout. En 1954, le FLN avait lancé des soulèvements armés dans tout le pays et était confronté à une dure répression : villages entiers déplacés ou rasés, villageois torturés et exécutés sommairement... Le sang se répandait partout, y compris en métropole. Nous manifestions dans les rues tous les jours. Un million et demi de conscrits avaient été envoyés en Algérie, et des parachutistes attendaient d'être largués au-dessus de Paris.

**D. G.** — Est-ce à ce moment que tu as lancé une nouvelle revue ?

**S. L.** — Oui, elle s'appelait *L'Étrave*. Je l'ai créée en 1960 avec des amis de la Sorbonne, tels Bertrand Tavernier et Luc Boltanski. Pendant quelques années, elle est restée attachée à cette université, avant d'être transformée en une revue indépendante avec une corédactrice en chef, Nicole Chardaire. Paradoxalement, une riche production culturelle avait émergé à Paris, avec Eugène Ionesco, Samuel Beckett, Alain Robbe-Grillet ou Marguerite Duras. Nous ne voyions pas de contradiction entre la dimension expérimentale de l'œuvre de ces écrivains et leur engagement politique. Il va sans dire qu'il ne me restait que peu de temps pour étudier, même si je devais passer des examens chaque année afin de différer la conscription militaire. Même si mes professeurs à la Sorbonne m'auraient de toute façon laissé passer, j'étais persuadé d'être là pour acquérir une culture. En 1961, j'ai pris une année de congé sabbatique pour enseigner le français dans un lycée d'Édimbourg, en Écosse. J'ai préparé mes examens seul et les ai réussis sans effort. Cette année-là se révélerait cruciale pour moi : pour la première fois, j'étais seul, lisais énormément et me mettais à écrire. De surcroît, cela faisait naître en moi l'idée que je pourrais enseigner à l'étranger. Je voulais en savoir plus sur le monde.

**D. G.** — En 1959, Olivier Burgelin, qui dirigeait la Maison des Lettres, rue Férou, un centre culturel pour étudiants de la Sorbonne, t'a contacté pour y organiser des événements. Qu'est-ce que ça t'a apporté ?

**S. L.** — J'ai pu me rapprocher un peu plus de la scène intellectuelle parisienne. J'ai rencontré Roland Barthes en 1959, lorsque Burgelin l'a invité à donner une conférence sur la langue et les vêtements rue Férou. Barthes habitait tout près. Burgelin devint peu après son assistant au Collège de France. La critique littéraire était alors florissante. J'ai organisé des conférences sur la «nouvelle critique», avec des phénoménologues tels que Gaston Bachelard, Georges Poulet, Jean Starobinski ou Jean-Pierre Richard. J'ai également invité des auteurs du Nouveau Roman – Claude Simon, Duras, Robbe-Grillet – ainsi que des sociologues – Lucien Goldmann, Jean Duvignaud. J'ai également écrit des articles, sous le pseudonyme de Serge Lorger, pour le journal *Combat* d'Albert Camus, puis, sous mon propre nom, dans *Les Lettres françaises*, la revue intellectuelle du parti communiste dirigée par Louis Aragon. Pendant plusieurs années, j'y ai publié des articles sur la scène littéraire anglaise. J'ai aussi écrit des textes pour plusieurs de ses numéros spéciaux sur Virginia Woolf, James Joyce, Brendan Behan, Charles Dickens, etc. En 1964, à l'occasion de la célébration du quatrième centenaire de la naissance de Shakespeare, j'ai assisté à des représentations de toutes ses pièces en Angleterre, et Picasso a fait un dessin pour la revue.

En 1960, j'ai réalisé pour *L'Étrave* une longue interview de Nathalie Sarraute. C'est elle qui m'a fait découvrir Woolf, dont le travail était peu connu en France. Alors que ma matière principale était le français, j'ai décidé d'écrire ma thèse sur l'œuvre romanesque de l'auteure britannique.

Les départements d'anglais et de français de la Sorbonne m'ont tous deux opposé un refus au prétexte que je n'étais pas spécialiste du sujet. J'ai donc demandé à Goldmann et Barthes, des «structuralistes» que je connaissais bien, de diriger ma thèse à l'École pratique des hautes études. Intellectuellement, c'était l'endroit le plus passionnant de Paris. Et c'est ainsi que je me suis lancé dans la sémiologie, qui allait bientôt remodeler l'ensemble des sciences humaines. *Semiotext(e)*, la revue que je créerais à New York en 1973, porterait sur la sémiologie.

En 1962, il ne me restait plus assez de diplômes à passer pour repousser la conscription, si bien que j'ai postulé pour un poste d'enseignant dans l'Iowa, aux États-Unis, avec l'idée de disparaître tant que la guerre continuerait. (Je devais à la guerre ma carrière universitaire.) Heureusement, je n'ai pas eu à prendre la décision d'une vie : au printemps de cette année-là, de Gaulle signait les accords d'Évian avec le FLN, et j'ai immédiatement demandé à effectuer mon service militaire en coopération dans une université de l'Est de la Turquie. C'est là, sur les hauts plateaux qui bordent l'Iran, que j'ai terminé ma thèse.

**D. G.** — Comment se sont passés les débuts de ta carrière d'enseignant à l'étranger ?

**S. L.** — Je voulais me trouver le plus loin possible de la France pour finir par m'en rapprocher. J'avais une maîtrise : bien peu pour faire quelque chose en France. C'était comme si je n'avais rien. Je travaillais donc pour les journaux, pour la télévision française. Et je pensais pouvoir continuer à le faire. Au bout d'un moment, j'ai toutefois réalisé que c'était comme vouloir compartimenter mon cerveau. Chaque semaine, je lisais un livre entier pour en écrire sur-le-champ un compte rendu ou une critique. Ce n'était pas facile. Si j'étais professeur, me suis-je dit, j'aurais plus de temps pour lire, être au contact de la culture. C'est donc ce que j'ai fait. J'ai décidé de quitter la France, mais avec l'idée d'y revenir. Goldmann m'a procuré quelques ouvertures : j'aurais pu aller enseigner à Chicago, mais c'était le Viêt-Nam là-bas. Je ne voulais pas aller aux États-Unis. Comme Sartre.

En 1968, je suis parti enseigner en Australie. J'étais le seul rebelle là-bas, face à mes étudiants. J'étais marié avec une Française, membre du parti communiste. Au bout d'un an et demi, je me suis dit qu'il était impossible de vivre dans ce pays. Les salaires étaient trop bas, et les billets d'avion pour rentrer en France trop chers. J'ai rencontré des Italiens qui pleuraient en réalisant qu'ils ne pourraient jamais retourner dans leur pays. Au bout d'un an et demi, j'ai décidé de me rapprocher de la France. Mais comme j'étais installé en Australie depuis moins de trois ans, il fallait que je rembourse les frais engagés par mon pays hôte pour me permettre de jouir de mon statut d'immigré. Au bout de trois ans, l'ardoise était effacée. Comme je partais après seulement un an et demi, j'ai dû rembourser. J'ai donc cherché un emploi aux États-Unis pour une durée d'un an. C'était très facile à ce moment-là d'être embauché dans une université. J'ai reçu six propositions (Harvard,

Yale, Columbia, etc.). Au début de 1969, j'ai accepté celle du Swarthmore College, non loin de Philadelphie. Au printemps de cette même année scolaire, c'était la fusillade de Kent State, et le campus entier de Swarthmore est entré en ébullition. Tout le monde s'est mis en grève. Les étudiants ne venaient plus aux cours. Ils avaient pratiquement fermé l'université, et chacun se consacrait à la révolution à plein temps. L'idée était que la proche Philadelphie se joindrait à l'insurrection, que les gens viendraient à nous. Nous réinventions la révolution, mais dans un paysage sublime. Swarthmore est un des collèges les plus exquis et les plus riches du pays. La valeur d'un poste d'enseignant y était infiniment supérieure à celle d'un poste identique à Columbia. Pour la plupart, les étudiants de Swarthmore descendaient des plus grandes familles américaines. Et, bien sûr, ils étaient très radicaux. Cela se produit partout. Les plus privilégiés, ceux qui possèdent la culture, sont presque toujours les plus extrémistes. Mes parents n'avaient aucune culture particulière. Ma mère avait suivi une formation en pharmacie en Pologne, mon père aucune. Il avait appris la fourrure parce que sa famille ne voulait pas laisser partir les siens sans un métier.

Quelques semaines après le déclenchement de la grève à l'université, nous avons appris que Philadelphie ne s'était pas embrasée. La grande ville de Pennsylvanie n'étant qu'à vingt minutes de train, il aurait été facile d'aller y voir de plus près, mais personne ne l'avait fait. Au bout d'un moment, l'administration a dit : « Bon, nous comprenons que vous vouliez sortir et vous rendre utile à la société, mais ceux qui veulent passer leurs examens vont pouvoir le faire. » En moins de trois semaines, tout le monde a passé ses examens. À l'automne, la situation est redevenue normale, si ce n'est que le contrat d'un de mes collègues n'a pas été prorogé. Le mien, renouvelable d'une année sur l'autre, non plus. Je devais quitter Swarthmore, je voulais revenir en France lorsqu'on m'a offert un poste à Cleveland, dans l'Ohio. Comme j'avais plutôt bien aimé celui qui m'avait fait la proposition, j'ai accepté en disant : « C'est bon pour Cleveland ! » J'y suis resté deux ans. Après quoi, lassé du Midwest et de sa platitude, non seulement géographique, mais spirituelle, je suis retourné à la case départ, et j'ai regagné Columbia. Ils cherchaient quelqu'un, et j'avais énormément publié. C'est en fait au moment précis où mon chef de département à Cleveland m'a dit que, si je ne voulais pas donner de cours de français, beaucoup d'Américains seraient disposés à le faire que j'ai reçu l'offre de Columbia. Je lui ai dit : « *Fuck you !* » Et je suis parti dans un carrosse royal.

**D. G.** — Tu es donc retourné à New York, une vraie métropole. N'étais-tu pas par là même plus proche de la France que tu ne l'avais jamais été ?

**S. L.** — J'y suis arrivé en 1972. J'avais déjà passé plusieurs étés à travailler dans les collections de la New York Public Library, où sont conservés des manuscrits de Virginia Woolf, T. S. Eliot, etc. Je commençais à m'intéresser davantage aux écrivains de langue anglaise qu'aux

Français, même si j'appartenais à l'époque à un département de français et si mon enseignement portait surtout sur des auteurs français. Je me réjouissais d'être arrivé à New York. C'est en bon structuraliste que j'ai été engagé. Pendant ma première année, je me suis surtout concentré sur la découverte du monde de Columbia. Il m'a fallu deux ans pour aborder le *downtown*. Les deux parties de New York, *downtown* et *uptown*, n'avaient aucun lien entre eux. Columbia avait ses problèmes, avec Harlem tout proche, un quartier extrêmement dangereux, où l'on ne se risquait guère à l'époque la nuit.

Un an après mon arrivée à Columbia, j'ai décidé d'aller en France. L'une des raisons pour lesquelles j'avais été engagé tenait à ce que j'avais organisé des stages d'été dans l'Hexagone pour les différentes universités étrangères où j'avais enseigné. Je choisissais le lieu et les professeurs. Pendant ces stages, j'invitais des enseignants susceptibles de m'aider à rattraper mes retards occasionnés par les années passées hors de France. Quand j'étais parti, Barthes et la nouvelle critique tenaient le haut du pavé de la scène intellectuelle. Mais celle-ci avait ensuite énormément évolué. En 1967, c'est *De la grammatologie*, de Jacques Derrida, qui menait la danse ; en 1972, *L'Anti-Œdipe*, de Gilles Deleuze et Félix Guattari. Lors de mes retours en France, je découvrais donc des contextes très différents de ceux auxquels j'étais habitué. Au début, j'invitais à ces stages des formalistes, avant de me rendre compte qu'il se passait en France bien d'autres choses. À Columbia, le directeur du département de français, Michel Riffaterre, avait créé un groupe de sémiologues que nous formions à une approche structuraliste de la littérature. Mais le groupe avait un problème avec Riffaterre, parce que c'était lui qui les avait formés.

C'est là que je suis intervenu. Étant le seul membre du personnel, j'ai commencé à travailler avec le petit groupe. Nous tournions entre Guattari, Julia Kristeva, Claude Lévi-Strauss, etc. Nous étions aussi althussériens et admirions Bachelard. Nous nous rencontrions et discutions de tout cela. C'était assez intense. Lors de ce stage d'été en France évoqué précédemment, j'ai découvert que je pouvais emmener tout ce beau monde au château de Cerisy-la-Salle (Manche). J'ai donc repris contact avec mes connaissances de la nouvelle critique et du Nouveau Roman. Il y avait aussi beaucoup de têtes inconnues, que j'ai embauchées également et dont j'ai suivi les cours : Tzvetan Todorov, Denis Hollier, Catherine Clément, Jean-Louis Schefer, Guattari, bien sûr, Serge Leclaire, pour n'en citer qu'un échantillon. Guattari a été le premier à venir enseigner à Cerisy. Tout cela m'a fait soudainement découvrir la politique. J'étais confronté à quelque chose que je ne connaissais pas auparavant. J'ai vite compris que je pourrais inviter qui je voudrais. Il n'y avait pas d'étudiants américains en France à l'époque. La vingtaine de ceux que j'avais emmenés avec moi rencontraient des gens qui n'en avaient encore jamais vus. Ils étaient curieux. Comme Guattari enseignait à Reid Hall, le campus parisien de Columbia, Deleuze nous a rendu une visite impromptue et nous a entretenus du fait que la philosophie n'avait d'autre objectif que d'intimider les jeunes générations. Je n'en croyais pas un traître mot, mais cela me donnait une assez bonne idée de la façon de transmettre l'enseignement de Deleuze. Puis Jacques Lacan est passé à son tour. Il avait entendu parler de cet endroit où Guattari et Deleuze avaient leurs habitudes. Il est donc venu et a commencé à flirter avec mes élèves, le cigare aux lèvres. De fait, c'était un centre d'attraction parce que c'était la première sorte d'extension de l'Amérique en France.

À ce stade, j'avais déjà développé des relations amicales avec Guattari. J'ai donc décidé de prendre un congé de Columbia avec l'intention de le rejoindre avec son groupe à la clinique Laborde, près de Tours. Avant de quitter Paris, au cours de l'été de 1974, j'ai eu l'idée de faire venir à New York les penseurs qui m'intéressaient le plus, et qui étaient aussi les plus orientés politiquement. Avec John Rajchman, un étudiant en philosophie de troisième cycle à Columbia qui était également en congé à Paris, nous avons organisé une conférence à New York dont le but était de présenter la philosophie «post-structuraliste» aux Américains. En novembre 1975, un public de quelque deux mille personnes a été pendant trois jours bombardé de concepts nouveaux, auxquels il a réagi tantôt par l'enthousiasme, tantôt par la colère et la frustration. La conférence «Schizo-Culture», comme nous l'avions appelée, se révélerait un événement intellectuel majeur, anticipant la façon dont la *French Theory* allait envahir l'Amérique durant les décennies suivantes.

**D. G.** — Ce qui allait devenir *Semiotext(e)* est donc sorti du formalisme et de la sémiologie elle-même, en une curieuse combinaison de façons de vivre et de pratiquer la philosophie, la psychanalyse, la politique. Comment tout cela a-t-il cristallisé ?

**S. L.** — Tout se passait en France, la philosophie, la psychanalyse, la sociologie, ensemble. Or c'était exactement ce que j'avais fait à la Maison des Lettres. Ainsi me suis-je retrouvé à la recréer, certes seul, mais selon la même logique. Il y avait de nouveau un groupe à Columbia, plus ou moins à gauche, qui n'acceptait plus la tyrannie de la linguistique.

Tous ceux avec lesquels j'ai fondé *Semiotext(e)* étaient des étudiants de troisième cycle qui terminaient leur thèse ou étaient sur le point de le faire. Au bout de deux ans, ils étaient à la recherche d'un poste n'importe où aux États-Unis. Quand je suis rentré de France, le petit groupe que nous avions constitué s'était à moitié évaporé. Nous avons dû le reconstituer. C'est ainsi qu'est née la revue. Quand nous l'avons créée, je suis allé voir des éditeurs et leur ai dit : « Vous voyez ces Français ? Je les connais tous personnellement. Si vous gérez vos revues de la même façon que les éditeurs français, je vous dirai qui publier. » Ils ont alors jeté un coup d'œil à certains des textes et ont dit : « Non merci. Ça n'intéressera personne, à l'exception d'une poignée de spécialistes. » Nous n'avions d'autre choix que de la créer nous-mêmes.

La première édition a été ronéotypée. J'étais allé au Mexique à l'époque, pendant un mois. À mon retour, le numéro était prêt à être imprimé. Nous avons assemblé les pages autour d'une table. Tout le monde participait, prenait une page puis faisait le tour. C'était collectif à souhait. Un membre du groupe a volé les exemplaires avant même leur publication. Autrement dit, la revue a connu aussitôt des problèmes de groupe. Comme nous cherchions un titre, j'ai dit : « Bon, c'est *semio*, mais c'est du texte, donc *Semiotext(e)*. » Personne n'a compris ce que je voulais dire. Le cinéaste Jack Smith m'a dit un jour que le titre était répugnant et qu'il ne comprenait pas pourquoi je l'avais choisi. Il ne fait pourtant que décrire ce que c'est que penser.

Nous avions donc un groupe. Et dans un groupe, selon moi, ce n'est pas le chef qui compte le plus. Il est juste celui qui ne voudrait pas être chef, mais qui n'a pas le choix. Pour être chef, il faut se défaire de tout ce que l'on possède. J'ai toujours pensé qu'un groupe fonctionnait de cette façon. Le chef est un médiateur. Il crée une bonne ambiance et opère des choix. Mais il ne se place pas en permanence au-dessus des autres. J'ai beaucoup réfléchi à la notion de groupe à partir de celui de New York. Et j'ai réalisé qu'il était impossible de constituer un groupe sans chef aux États-Unis. Tout le monde ici est si égocentrique, si avide de reconnaissance ! Ce qui s'était passé dès l'origine m'avertissait que je devais m'assurer que le groupe continue en tant que tel, c'est-à-dire collectivement, et ne devienne pas un agrégat de personnalités en compétition les unes avec les autres. Je n'ai jamais aimé la compétition. Je dois donc être particulièrement anti-américain. J'ai décidé de prêter la plus grande attention à la revue, mais de donner la responsabilité de chaque numéro à une personne différente. À sa charge de constituer l'équipe avec laquelle travailler. Je crois que ce fonctionnement était démocratique, même si je restais celui qui tranchait les grandes questions. Quelqu'un doit le faire. J'estimais à l'époque que, dans mon groupe, je travaillais avant tout avec des amis, et jamais avec des gens qui n'étaient pas mes égaux.

**D. G.** — *Semiotext(e)* réunissait artistes et penseurs. N'était-ce pas inhabituel pour l'époque ?

**S. L.** — Je ne connaissais rien à l'art. En France, j'allais au Louvre, j'étais bon en dessin, je prenais des cours, mais je n'avais aucune idée de ce qu'était l'art. Quand je suis arrivé à New York, je ne savais toujours pas ce que c'était. J'étais donc très ouvert. Ma relation avec mes collègues s'étant rapidement détériorée, j'ai cherché des endroits plus intéressants. Il y avait beaucoup de fêtes à l'époque, dont la plupart se déroulaient entre Sud-Américains. Je pensais que les seules personnes qu'il y ait à New York étaient sud-américaines. La ville était extrêmement fragmentée. Vous pouviez pénétrer dans une communauté française, espagnole, anglaise… J'ai rencontré des gens intéressants en cours de route. J'allais souvent aux fêtes, seul. J'avais rompu avec ma copine, et je ne faisais que rencontrer des gens.

**D. G.** — Mais comment un professeur de Columbia pouvait-il sortir en ville et rencontrer John Cage, Merce Cunningham, William Burroughs? Comment était-ce possible?

**S. L.** — J'avais entendu parler de Burroughs devant la bibliothèque Sainte-Geneviève, à Paris, avant mon départ. Arrivé à New York, j'ai cherché des équivalents des Deleuze, Guattari, Foucault, Lacan… Je cherchais un contexte culturel. Je ne l'ai pas trouvé. L'université, mon seul contexte, ne manquait certes pas d'excellents spécialistes, mais chacun d'eux restait dans sa discipline, sa carrière, ses valeurs. Je cherchais autre chose, tout en ignorant que cela deviendrait le monde de l'art. À l'époque, il était facile de vivre à New York. Il suffisait d'être «connecté». Comme tu le sais, un tas de gens couchaient avec un tas d'autres, allaient de fête en fête. Il existait toute une culture de *downtown*. C'était volage, sans normes ni règles. Chacun faisait ce qu'il voulait. Aimer les gens, faire l'amour, peu importait. Tout pouvait arriver. Il n'est pas une fête où je sois allé qui ne m'ait fait rencontrer des gens intéressants. Il se trouve que tous étaient des artistes. Les universitaires ne fréquentaient pas les fêtes.

**D. G.** — Comment en es-tu venu à participer à toute cette vie nocturne? Par quel biais en entendais-tu parler?

**S. L.** — Il me semble qu'au début c'est une Sud-Américaine que j'avais rencontrée qui m'a invitée à plusieurs fêtes avec des Péruviens, des gens d'Amérique centrale. J'ai ensuite rencontré d'autres personnes, et je me suis dit que ça pourrait être intéressant pour le groupe. J'avais aussi fait la connaissance de Pat Steir, la seule membre du groupe de mon âge, dont le compagnon de longue date était Sol LeWitt. Elle faisait partie de l'ancien SoHo et connaissait tout le monde. Philip Glass et Richard Serra faisaient partie de ses amis. Ainsi donc, tout en restant à Columbia avec le groupe, je me suis aussi rapproché de *downtown*. Une fois que j'ai eu la revue, je me suis dit : « Pourquoi ne pas faire la même chose qu'avant, interviewer des gens et ainsi apprendre à les connaître ? » J'aime la théorie, mais seulement si elle est liée à quelque chose. Je ne suis pas un pur théoricien, un philosophe. J'ai appris l'art avec des artistes.

**D. G.** — Quels étaient ceux qui t'intéressaient le plus ?

**S. L.** — Tous m'intéressaient, je ne faisais pas de choix. Il y avait le post-minimalisme et l'art conceptuel. N'ayant aucune idée préconçue de ce que l'art devait être, j'étais prêt à tout accepter. Quand des philosophes français écrivent sur l'art, c'est toujours sur l'art classique. Ils n'ont pas la moindre idée de ce qui se passe autour d'eux. Si Deleuze a cité Patti Smith, c'est parce qu'il était venu aux États-Unis pour la conférence « Schizo-Culture », et qu'il l'avait rencontrée ainsi que Ginsberg. La plupart des membres du groupe n'avaient aucune idée de ce dont je pouvais parler. Personne d'autre non plus d'ailleurs. Cela leur a donné une excellente motivation pour commencer à lire Lacan. J'ai alors eu l'idée de faire la même chose avec les gens de *downtown*.

La revue n'occupait pas tout mon temps. Comme je l'ai dit, trois ou quatre amis se chargeaient de l'édition au jour le jour. Cela me laissait le loisir d'inviter toutes les personnes captivantes que je rencontrais à venir travailler pour le groupe. Si elles étaient partantes, c'était parfait pour moi. J'avais une assez bonne idée de ce qu'elles faisaient, mais elles appartenaient aussi à un milieu dont je commençais à comprendre qu'il était beaucoup plus intéressant que le monde académique. J'avais donc accès à des personnes de toutes sortes, qui ne s'appréciaient pas nécessairement les unes les autres.

Un jour, j'ai confectionné un numéro spécial sur Nietzsche, car je me rendais compte qu'il n'était pas très connu dans ce pays, ou alors à la manière d'un auteur d'histoires pour enfants. Il était jugé trop romantique, ce qui constituait bien sûr une totale distorsion. Quant à ceux qui le connaissaient, ils le prenaient pour un nazi. Je me suis dit : pourquoi ne pas effacer l'ardoise en lui consacrant un numéro entier ? Le premier livre que j'ai publié avec *Semiotext(e)* n'était pas un livre français, mais un livre américain, celui de Cage et du musicologue Daniel Charles.  Il était intitulé *For the Birds*.

Lorsque je l'ai lu, je me suis dit : « Ouah ! c'est la réunion du bouddhisme zen et de Nietzsche ! Voilà le lien. Il est américain, mais il travaille dans la musique, et sa musique est fondée sur Nietzsche et sur toutes sortes de philosophies orientales. » J'avais compris, en lisant Deleuze et

Guattari, ce que beaucoup de gens avaient déjà remarqué, à savoir que leur pensée était fortement liée à la philosophie orientale. Je suis donc allé voir Cage, et je lui ai dit que je préparais un numéro sur Nietzsche. « Aimeriez-vous y contribuer ? » Il a dit oui et m'a envoyé un texte. Avant que je parte, nous avons eu cet échange : « Vous êtes français, n'est-ce pas ? – Oui. – Vous jouez aux échecs ? » N'ignorant pas qu'il avait joué avec Marcel Duchamp, j'ai dit : « Oui, bien sûr. – Nous devrions faire une partie un de ces jours. » Mais j'avais trop peur de revenir le voir, et je ne l'ai pas rappelé. Quelques semaines plus tard, il m'a téléphoné : « Alors, quand est-ce qu'on joue aux échecs ? »

**D. G.** — À cette époque, tu réunissais la philosophie, la musique, la danse et l'art. Pourrais-tu dire un mot de ces interactions ?

**S. L.** — Avant toute chose, les Américains entendaient enfin parler de sémiologie. Les artistes s'y intéressaient, ainsi qu'à la communication, mais ils ignoraient ce que cela signifiait. Une des raisons pour lesquelles tant de gens étaient venus à la conférence « Schizo-Culture » est qu'un ami du *Village Voice*, ou plutôt un ami d'amis, avait fait paraître dans l'hebdomadaire new-yorkais un encart annonçant un événement *Semiotext(e)* sur la sémiologie. Nous avons eu beaucoup de monde, beaucoup d'artistes. Les artistes veulent toujours être au courant des choses avant les autres. Ils avaient entendu parler de la sémiologie et voulaient savoir ce que c'était. D'autres étaient venus pour des raisons politiques, ou philosophiques. Avant cela, il n'y avait pas vraiment eu d'événement de ce genre, mêlant musique, danse, art et philosophie.

Mon idée était que la revue avait une circulation trop limitée. Son public était constitué par des gens que nous connaissions. Lorsque nous en imprimions trois cents ou quatre cents exemplaires, ils partaient en deux semaines. J'ai compris qu'elle devait toucher plus de gens. Aux États-Unis, les années 1970 ont produit très peu d'artistes, mais aussi très peu de personnalités autres qu'artistes. Elles furent suivies par une époque où le monde de l'art s'est mis à changer de l'intérieur et de l'extérieur. De l'extérieur, les néo-expressionnistes italiens et allemands sont venus conquérir New York entre 1980 et 1982, après quoi les néo-conceptuels américains ont réagi et rétabli l'équilibre.

Au cours des années 1970, les artistes faisaient tous autre chose : Sol LeWitt soutenait Kathy Acker parce qu'elle n'avait pas d'argent. C'était une communauté minuscule où tout le monde se connaissait et connaissait le travail des autres. On rencontrait toujours quelqu'un par l'intermédiaire de quelqu'un d'autre. Les personnes les plus intéressantes s'avéraient toujours être des artistes, et c'est pourquoi je cultivais leur compagnie. Un jour, Pat m'a dit : « Va voir Phil Glass. C'est un ami et un très bon musicien. » Personne ne le connaissait à l'époque, vraiment personne. Il en allait de même de Steve Reich et de bien d'autres. Ils comptaient dans leur petit cercle artistique, mais pas en dehors. Moi, je leur parlais. Glass m'a dit : « Tu devrais rencontrer Jack Smith. – Qui ? – Si tu veux en savoir plus sur les surréalistes américains, va le voir. » Je l'ai fait, et il a été le premier à me dire : « Aucun doute, tu t'intéresses vraiment à l'art, ça se voit. »

J'ai commencé à côtoyer toutes sortes d'artistes et de créatures bizarres, dont regorgeait le centre-ville. Il y avait les oiseaux de nuit, que je croisais dans les clubs. En chemin, j'ai rencontré l'artiste Stefan Eins et le *curator* Diego Cortez, qui n'était pas latino, mais avait pris ce pseudonyme pour obtenir une bourse universitaire. C'était M. Punk, le roi de *downtown*, ou plus exactement un pré-punk, à une époque où les Ramones avaient déjà percé aux États-Unis avant de s'envoler pour Londres. En parfait touche-à-tout, Diego régentait la vraie scène punk *hardcore* et faisait des graffitis avec des dessins d'enfants. J'ai emménagé avec lui dans un grand loft du Fashion District, le quartier de la mode. Nous sortions ensemble au Mudd Club et au Max's Kansas City, où les videurs lui déroulaient le tapis rouge. Diego était un artiste qui avait peur de montrer son travail et préférait utiliser celui des autres, ou parfois le volait.

**D. G.** — Comment t'es-tu investi dans la vie culturelle ? Tu avais organisé la conférence « Schizo-Culture » à une époque qui n'était déjà plus celle de la contre-culture. Tu as dit que même si ta revue ne devait se vendre qu'à trois exemplaires elle était conçue pour deux cents millions de lecteurs.

**S. L.** — Le travail que je faisais n'était pas culturel. L'idée était que je pouvais vivre sans rien ni personne. C'était paradoxal. J'étais constamment entouré d'un groupe, tout en sachant que je devais être prêt. C'était une expérience personnelle plus que culturelle.

Après la publication d'un ou deux numéros vraiment consistants, les gens ont commencé à faire attention à nous. Je voulais faire quelque chose sur le nomadisme, et je me demandais si nous n'étions pas plus nomades à New York que dans le désert. Je suis donc allé passer près de deux semaines avec les Touaregs. Je pensais faire quelque chose avec ça, mais à cette époque il était déjà trop tard : je ne voulais pas faire un numéro de plus de la revue. J'ai donc demandé à un groupe de personnes de le réaliser à ma place. Cette édition de *Semiotext(e)* a été l'exact contraire de ce que nous faisions d'habitude. Nous avions généralement entre quatre cents et cinq cents pages, celle-ci n'en dépassait pas cent vingt ; notre mise en page était avant tout fonctionnelle, celle-ci très esthétisée. Au bout d'un moment, j'ai dit : « Vous êtes libres de faire ce que vous voulez. Je ne veux pas vous influencer. » Je n'avais pas bien réalisé que, pour qu'un groupe se constitue, il doit susciter des antagonismes, et la nouvelle équipe avait développé un antagonisme à mon égard. Quand ils ont terminé la mise en page, ils sont venus me la montrer. Assez mécontent, je leur ai dit : « Vous faites une revue pour l'East Village. Pour publier des numéros de *Semiotext(e)*, je dois viser deux cents millions d'Américains si je veux avoir une chance d'en atteindre mille ou deux mille. » Intitulé *Oasis*, le numéro a été tellement invisible que personne ne l'a lu. C'est le seul qui ne se soit pas du tout vendu.

Les Américains en général, et les artistes en particulier, ignoraient tout de la *French Theory*. Elle n'en était donc devenue que plus importante à leurs yeux, puisque les artistes veulent toujours avoir une longueur d'avance. Beaucoup de gens se sont mis à la lire, et elle a commencé à vraiment circuler. Certains artistes ont même cessé de travailler parce qu'ils voulaient d'abord lire Ferdinand de Saussure. Michael Horowitz, qui collaborait avec *Semiotext(e)*, avait toujours un grand Lacan sous le bras quand il donnait ses cours. Et j'ai dit : « Je ne sais pourquoi les gens ont peur de moi. C'est du snobisme en bien et en mal : les Américains veulent toujours être les premiers, mais ils n'en sont pas moins ouverts pour accueillir la nouveauté. » C'était exactement l'inverse de ce qui se passait en France, où la culture restait une chose séparée, réservée à une élite.

À New York, je me sentais un peu perdu, mais j'ai découvert que la solitude pouvait se révéler une expérience formidable. J'étais comme n'importe qui d'autre. Je n'avais pas besoin de lire tout ce que Foucault avait écrit pour le comprendre. C'était quelque chose de totalement nouveau pour moi. Je pouvais repartir de zéro. L'idée est toujours la même : quand nous ne vivons pas dans notre pays, nous nous créons une île flottante comme moyen de survie. J'ai compris très tôt que si je voulais surnager dans la culture américaine, qui m'est si étrangère, je devais créer une sorte de puzzle de personnes afin de produire un contexte pour cette culture, la culture existante.

**D. G.** — Aujourd'hui, *Semiotext(e)* est devenue un peu mythique dans l'histoire intellectuelle et artistique américaine. Que penses-tu avoir réalisé avec cette revue?

**S. L.** — De mauvaises choses. Le pire est que, dès le début, elle a été comprise de travers. Les gens ne la lisaient pas : ils dansaient avec elle. Nos lecteurs étaient ces *night-clubbers* que nous fréquentions. Les numéros avaient souvent des thèmes, qui devenaient ceux de la nuit, et les gens venaient en discothèque à cause de *Semiotext(e)*. Le fait d'organiser tous ces événements était sans doute notre spécificité, car nous étions déjà une revue culturelle. Nous créions des événements, publiions des artistes. Le plus important pour moi était que, en toute chose, je ne voulais appartenir à aucun groupe. C'est pourquoi je préférais m'intéresser à la culture au sens large que me cantonner à un rôle d'universitaire, d'artiste, de cinéaste ou autre. Il en allait de même de ma carrière : j'ai publié séparément beaucoup de chapitres qui auraient pu se retrouver dans un livre de moi sur la théorie du roman. Chacun d'eux traitait d'un siècle différent, de sorte que je n'ai jamais pu être acculé ni rangé dans une case. Au fond, j'ai toujours voulu m'échapper de moi-même. Quand on s'échappe de cette façon, on va dans un endroit que l'on ne connaît pas à l'avance. Et j'ai toujours été attiré par l'autre endroit. Il fallait que j'apprenne quelque chose en cours de route. Il n'y avait rien d'héroïque à cela. La culture était quelque chose que je ne possédais pas, que j'ai dû construire. Et il était plus facile de construire une culture aux États-Unis, où rien n'est fermé. J'avais des trous partout. Mais les trous ne sont pas une si mauvaise chose : nous pouvons les remplir de n'importe quelle manière. C'est arrivé en cours de route. Mais personne ne pouvait dire que j'étais un imposteur.

**D. G.** — As-tu eu le sentiment qu'il existait quelque chose comme une avant-garde à l'époque à New York ?

**S. L.** — Nous n'appelions déjà plus cela une contre-culture, comme dans les années 1960. Pour nous, c'était plutôt la dernière avant-garde. En France, une avant-garde est un mouvement avant tout littéraire. Ici, l'idée qu'elle se réduise à un groupe de garçons ne pouvait pas fonctionner. Nous avions à la place toutes sortes de gens, qui assistaient aux événements des autres. Les danseurs n'étaient pas seulement des artistes qui dansaient. À l'époque, c'était une communauté qui participait de façon informelle à la scène artistique.

Selon moi, l'avant-garde s'incarnait en fait plutôt dans la scène rock. C'était les Rolling Stones et tous ces autres groupes. Le milieu punk était une nouveauté pour moi. Ce n'était pas un mouvement politique : ils étaient contre la politique. Ils étaient juste attachés à la musique, la musique pop. Je me suis tout de suite impliqué dans les deux. Je n'avais jamais entendu de rock avant mon arrivée à New York, n'avais jamais pris de drogue. Je pense que c'est ce qui a rendu quelque chose possible : je n'avais pas d'idées préconçues sur ce qui devait exister ou non. Je suivais juste ce qui m'intéressait. Et c'est arrivé. Il se trouve que c'était aussi le bon moment pour le faire. Pat et ses amis faisaient partie du vieux monde de l'art, un monde qui n'avait rien à voir avec les punks. Ce n'est qu'à une certaine date, lorsque le néo-expressionnisme a cédé la place au néo-conceptualisme, que le monde de l'art a commencé à se sentir un peu menacé par ce qui se passait sur scène. J'ai vu de premiers artistes, Serra et Vito Acconci, assister secrètement à leur premier concert punk dans l'East Village. C'était la relève de la garde. Le punk et la culture populaire prenaient le pas sur l'avant-garde artistique, avec toutes ses peintures. C'était un moment de flottement, et c'est alors que nous avons commencé à publier des livres. En ramenant la peinture à New York, le néo-expressionnisme apportait quelque chose qui pouvait être vendu à nouveau. Avant cela, le petit monde de l'art existait pour lui-même : il y avait tout au plus trois ou quatre galeries, et elles ne vendaient rien. Puis tout cela a changé.

*Semiotext(e)* n'était pas très connue, mais suffisamment tout de même pour être partie prenante de ce mouvement. J'étais très tolérant. J'aimais sortir la nuit, aller en discothèque, fumer un joint à l'occasion et essayer tout ce que je pouvais. Mais j'aimais aussi le néo-conceptualisme et plus encore le post-minimalisme. Je ne supporterais pas d'exclure qui que ce soit ou quoi que ce soit, et ce pour une raison : je ne pourrais pas l'assumer émotionnellement. Cela me permet d'accepter des choses qui ne vont pas forcément ensemble. La seule culture que je n'ai jamais pu atteindre est la mienne propre. C'est un problème, mais je l'ignorais. Je suis constamment exposé à toutes sortes de choses, et, d'une certaine manière, j'essaie d'en tirer le meilleur parti. Mais j'ai ensuite découvert qu'il y avait quelque chose à faire, cette mise en commun de la philosophie et de l'art que j'ai vécue à ce moment précis. Les philosophes que nous faisions venir n'avaient aucune idée de ce qu'était l'art. Ils n'y avaient pas été formés. Je dirais que j'américanisais les philosophes français, tandis qu'eux-mêmes philosophaient les artistes.

**D. G.** — Il y avait un soubassement politique à *Semiotext(e)*, qui n'a pas peu contribué à dessiner les contours du radicalisme américain. Comment le définirais-tu?

**S. L.** — Disons que c'était une politique post-soixante-huitarde : sans regret, mais sans méfiance non plus. Quand je suis revenu à Paris, six ans après 1968, tout le monde était désillusionné, avec un sentiment d'échec. Moi non. Je me suis dit que ce n'était pas un échec, que j'étais prêt pour ça, que c'était au plus proche de ce que je voulais. C'est pourquoi, quand j'ai eu l'occasion de le recréer, je l'ai fait. C'était évidemment un 1968 différent du français, mais beaucoup de choses que j'aimais chez Deleuze, Guattari, Baudrillard avaient un rapport avec cela. Je n'exclus pas les gens, à la différence d'un André Breton, des surréalistes ou même des situationnistes. Je me suis rendu compte que la plupart des gens qui font de la politique et qui sont issus du monde intellectuel ne prennent pas de risques. J'aime ceux qui prennent des risques, et le risque lui-même, malheureusement. Je ne peux pas vivre sans un certain degré de risque. J'ai donc aimé les penseurs qui me donnaient ce sens de la politique.

**D. G.** — Tu as été très présent dans la vie nocturne new-yorkaise. Peux-tu en parler?

**S. L.** — C'était *Strangers in the Night*... Les gens que je rencontrais étaient de parfaits étrangers, et j'apprenais à les connaître. De mon point de vue, ce n'était pas très différent de la série «Foreign Agent» que nous avions créée avec *Semiotext(e)*. «Foreign Agent» est une expression administrative désignant un «espion». Or les espions étaient les gens avec qui je voulais être. C'était la personne que j'étais. Je voulais avoir une sorte d'action secrète. Les fêtes en faisaient partie : une action secrète pour le monde intellectuel. Je voulais voir naître une Amérique spéciale, comme l'était New York à l'époque, avec laquelle j'étais totalement en phase. Pour moi, la «Schizo-Culture» incarnait cette ville, et New York était l'endroit, avec Columbia, le monde universitaire, les artistes, Harlem, la musique, la danse, l'art, où il y avait toujours quelque chose à cueillir et porter ailleurs. C'est ce que j'ai fait. Le fait d'être un étranger aux yeux de tous m'y a aidé. Je n'avais aucune connexion préalable. Je rencontrais les gens non en raison de leur appartenance à ceci ou à cela, mais parce que j'aimais leur travail ou que je les aimais eux. C'était assez pragmatique, et c'est aussi pourquoi je me sentais plus américain que les Américains, qui ne se montrent pas toujours très pragmatiques.

## 2

# NIETZSCHE-CAGE

**S. L.** — Je t'écoute. Veux-tu parler en français ou en anglais?

**D. G.** — On peut faire en français cette fois-ci?

**S. L.** — Je vais peut-être mettre…

**D. G.** — … ton propre enregistreur?

**S. L.** — Oui!

**D. G.** — Il me semblait, dans notre précédent entretien, que tu avais exposé comment John Cage avait un rapport à la philosophie, à Nietzsche, que tu avais établi. Cette corrélation me semblait résumer, en quelque sorte, *Semiotext(e)*. Qu'en penses-tu?

**S. L.** — C'est aussi tout ce qui se fait autour du rapport Cage/*French Theory*. Il y a d'abord cette histoire assez fabuleuse de ces conversations perdues. Tout a commencé en France, c'est là le paradoxe. *Semiotext(e)* a eu son inspiration en France et en français, parce que, en 1976, Belfond a publié ce livre intitulé *Pour les oiseaux* (*For the Birds*). Et *For the Birds* a toute une histoire, puisque c'était le musicologue et philosophe français Daniel Charles qui avait réalisé des entretiens avec Cage. Mais Daniel Charles avait perdu les originaux. Et donc il ne restait plus que les traductions qu'il avait faites.

Les traductions ne pouvaient pas se référer à un original : c'est un livre qui n'avait pas d'original. Pour faire de ces conversations un livre, Daniel Charles a été obligé de se souvenir de certains passages qui n'existaient plus. Donc il a reconstitué le livre, comme s'il s'agissait d'archéologie. Ils l'ont publié chez Belfond, où cela a trôné pendant quelques années.

Quand ils ont donné les textes à Cage, il a dit : « Oui, c'est intéressant, mais ce n'est pas forcément moi. » Et il a ajouté : « On va mettre des couleurs différentes, des inscriptions d'un certain style diront que je me souviens d'avoir tenu ces propos, et les autres sont un rendu de ce qui aurait pu être au départ. » Quand il a vu le résultat, après pas mal d'évolutions, il a précisé : « Mais finalement, pourquoi est-ce qu'on n'en ferait pas un livre ? Un seul livre avec un seul style. Je me dirai quand c'est moi, je me reconnaîtrai quand c'est moi. Les lecteurs n'ont pas besoin de le savoir. J'aime beaucoup cette traduction. »

C'est ainsi que cela s'est passé. Je croyais que j'avais lu le livre en 1975, mais il a en fait été publié en 1976. À ce moment, j'avais déjà rencontré Cage. Je pensais que c'était le livre qui m'avait fait rencontrer Cage, mais c'est plutôt

Cage qui m'a fait rencontrer le livre. Personne ne connaissait ce livre aux États-Unis. Je me suis donc dit : « Tiens ! Le premier livre de *Semiotext(e)* ça sera Cage. » J'ai fait traduire le texte par un de mes assistants à Columbia et je voulais le publier, mais *Semiotext(e)* n'existait pas encore comme collection de livres. On avait fait quelques numéros de *Semiotext(e)* comme celui-ci, qui a été fait en 1978, où il y a un texte de Cage, et aussi d'un danseur qui s'appelle Kenneth King, qui est un « cagien ». Ce numéro et le livre sont distincts, mais ils vont dans la même direction, celle de l'idée selon laquelle la *French Theory* est née en France, pas aux États-Unis.

Ce qui s'est passé est que j'avais fait traduire le livre alors que nous n'avions pas encore créé de département d'édition au sein de la revue. Les éditeurs américains ne semblaient guère intéressés par *For the Birds*. J'ai donc contacté une éditrice anglaise, Marion Boyars, qui publiait des auteurs plutôt transgressifs, tels Antonin Artaud et d'autres.

J'avais laissé le manuscrit au traducteur et n'avais suivi les choses que de loin. Or il s'est trouvé que le livre, qui était censé être une coédition avec *Semiotext(e)*, a été publié par Marion Boyars avec le nom de la revue écrit en tout petits caractères. Pour faire passer la pilule, elle a donné au traducteur la possibilité d'écrire l'introduction. Je n'étais pas très content. Cela m'a appris quelque chose qui n'avait rien à voir avec Cage et tout avec la notion de groupe. J'ai toujours travaillé en groupe. Comme je l'ai dit, j'ai tout fait en groupe jusqu'à aujourd'hui, en agissant comme médiateur entre plusieurs personnes. L'idée est que, dans un groupe, ce ne sont pas tant les individualités qui comptent que ce que leur regroupement peut produire. Le collectif était ce que j'avais constamment à l'esprit. Chaque fois, je réussissais à agréger des gens autour de moi, et dès lors que des gens s'agrégeaient, le projet naissait. C'est aussi ce qui s'est produit avec Cage, si ce n'est que, dans ce cas, le lien était plus profond que ce que les Français croyaient et que Cage lui-même pensait.

Il existait entre eux un lien plus profond que le simple fait de rassembler des gens, comme nous l'avions fait lors de l'événement «Schizo-Culture». Il y avait une sorte de continuité, même lorsque Cage et Daniel Charles essayaient de réaliser le livre. C'était déjà comme un collectif : l'éditeur était une entité, et il y avait plusieurs Daniel Charles, notamment celui qui avait composé l'interview et celui qui en avait réécrit une partie. Et puis il y avait Cage... Mais ce n'était pas juste deux personnes : ils constituaient déjà un groupe. De plus, le manuscrit original avait été écrit en français et avait été perdu. Le livre m'a alerté sur la chose suivante : ce qui importe le plus aux yeux des Américains n'est pas tant le produit que le crédit.

Tout au long de ma vie aux États-Unis, j'ai dû faire très attention à ce que le groupe reste un groupe et ne se divise pas en petites entités individuelles. C'est ce que j'ai fait avec le numéro sur la «Schizo-Culture», qui a été conçu avec douze artistes travaillant avec moi. C'était à contre-courant de la culture américaine. Alors que celle-ci s'efforce de contrôler les gens en les poussant à s'isoler les uns des autres et à s'individualiser, j'essayais de faire l'inverse. Pour moi, le magazine offrait la possibilité d'aller à contre-courant de la culture américaine et ainsi d'introduire quelque chose qui lui était étranger. C'est en lisant Cage que j'ai réalisé ce que nous avions en commun : nous étions tous deux nietzschéens.

Je ne m'attendais pas à cela. C'est Cage qui avait découvert Artaud quand il était allé au Black Mountain College, puis avait parlé d'Artaud à Ginsberg, et c'est ainsi qu'Artaud avait exercé une influence sur les auteurs « Beat » et que ceux-ci l'avaient fait traduire à San Francisco. Cage était déjà connecté à Artaud et à toute une série de réseaux qui existaient entre les philosophes français et entre eux et les Américains. Quand je l'ai découvert, je croyais lire Deleuze et Guattari, toute cette idée que les émotions, comme le goût et la mémoire, sont trop étroitement liées au soi, à l'ego, alors qu'elles manifestent que nous sommes touchés à l'intérieur de nous-mêmes. Toute la démarche consistant à se retourner non seulement contre l'ego, mais aussi contre les fameuses émotions, les « sentiments » chers aux Américains, contredisait la justification de tout *ego trip*, l'idée que les émotions appartiennent aux gens. La contribution célèbre de Nietzsche à cette discussion est que le « moi » n'est qu'une fiction. De Nietzsche à Cage, Deleuze, Guattari ou Foucault, tous s'accordent sur l'idée que les émotions ne sont pas personnelles, mais viennent de l'extérieur.

L'idée célèbre de Deleuze selon laquelle « il n'y a rien de personnel dans la vie » est assez semblable à toutes celles avec lesquelles Cage s'est plu à jouer, et qui occupent une place très importante dans son travail. Il pensait nécessaire d'ouvrir l'espace, de contrôler le hasard afin qu'il reste vraiment le hasard, parce que, à ses yeux, laisser les choses au hasard revient à retomber dans les habitudes. On retrouve là la notion antibinaire qu'une chose n'est une chose que si elle n'est pas opposée à une autre chose. Comparer deux objets ou deux œuvres fait disparaître la singularité, autre idée de Deleuze et Guattari ayant trait aux concepts de singularité, d'événement, etc., qui se sont révélés si importants pour les philosophes français.

Tout cela a été anticipé par Cage : « Je sais bien que les choses s'interpénètrent, mais je pense qu'elles s'interpénètrent davantage et avec plus de complexité lorsque je n'établis aucune relation entre elles. C'est alors qu'elles se rencontrent pour composer le nombre 1. À cet instant, elles ne se gênent plus les unes les autres, elles sont elles-mêmes. Et dès lors que chaque chose est elle-même, une pluralité apparaît dans le nombre 1. »

Tout cela, bien sûr, est très proche des philosophes français et aurait pu être écrit par eux. Le paradoxe tient à ce que, pour Cage, cela vient essentiellement de la philosophie orientale. Les Français n'ont jamais réellement mesuré l'importance de la philosophie orientale chez les penseurs que j'ai introduits aux États-Unis. Ils n'en étaient pas forcément eux-mêmes conscients. On ne trouve pas encore beaucoup d'écrits sur les liens entre Deleuze, Guattari, le *Yi King* et la philosophie bouddhiste, par exemple. Mais quand on vit en Californie, on est tourné vers l'Orient…

Avec Cage, nous retrouvions l'idée du changement, qui

est déjà présente dans le *Yi King*, et celle de l'oubli, qui se trouve aussi dans Nietzsche, c'est-à-dire le fait que nous devions éliminer tout ce qui nous empêche d'être uniques. Nous devons éliminer les forces réactives par opposition aux forces actives. « Nous nous efforçons d'établir des relations entre les choses, dit Cage, alors même que nous les perdons, les oublions, les défigurons. Le zen enseigne que nous sommes en réalité dans une situation décentrée par rapport à ce cadre. Dans une telle situation, tout se trouve au centre. Il existe ainsi une pluralité, une multiplicité de centres, et chacun d'eux consiste en une interpénétration. » Cela se retrouve aussi dans *L'Anti-Œdipe*, l'idée que nous ne travaillons pas en relation, mais en multiplicité. Nous commençons par la multiplicité, laquelle comporte une certaine forme d'individuation. La langue elle-même n'est pas importante, car elle n'est pas isolée du reste. C'est à cela que je me référais la plupart du temps puisque j'ai changé de langue.

À ce sujet, le fait que je travaillais à partir d'interviews a aussi été très important pour moi. Pendant plusieurs années, j'ai dû procéder de cette façon parce que je ne parlais pas assez bien l'anglais, ou plutôt parce que je ne maîtrisais pas suffisamment l'anglais comme langue de travail. Il y avait en outre une multiplicité d'autres déterminations, une « surdétermination ». Pendant dix ans, je l'ai dit, j'ai interviewé des gens, des artistes, parce que je voulais avoir un contact direct avec eux et les connaître. Mais c'était aussi parce que cela me fournissait du matériel que je pouvais utiliser et publier dans la revue. En un sens, j'ai très vite essayé de pousser les interviews un peu plus loin. À partir du matériau même de l'interview, j'ai fait des performances, par exemple. Dans l'une d'elles, au Canada, deux magnétophones me posaient des questions, auxquelles je répondais par d'autres questions, etc. Cela élargissait la notion, le format même de l'interview. Cela signifiait aussi que je n'étais jamais seul. J'étais peut-être singulier, mais pas seul. Nous étions toujours en contact avec des gens, que nous faisions parler, mais sur lesquels nous n'écrivions pas.

Comment ne pas écrire de critiques ? Cette question, qui est au fond celle de la critique de la critique, m'a beaucoup préoccupé. Même la meilleure des critiques est toujours de seconde main. Nous voulions faire des choses de première main, nous occuper des objets eux-mêmes, non des ressassements autour d'un travail. Le travail est toujours une philosophie. Nous n'avions pas besoin de produire des critiques. Cette attitude n'allait pas sans poser problème avec les universitaires. Une fois, je suis allé en Pologne et j'ai expliqué ma position, à savoir qu'il ne devrait y avoir aucune forme de critique. Un philosophe m'a demandé : « Alors que devons-nous faire ? »

La finalité de tout cela était à la fois assez pratique et assez théorique : comment créer en permanence des multiplicités et s'assurer qu'une chose, un travail, ne vienne pas de l'extérieur ? Je voulais que l'entretien puisse être assimilé à une forme de création, et j'ai poussé dans cette direction. C'était aussi l'une des raisons pour lesquelles je m'étais intéressé au livre de Cage : il avait d'abord été publié en français.

# 3

# LA PRÉSENCE AMÉRICAINE À PARIS

**D. G.** — Dans les années 1970, n'y avait-il pas aussi une importante présence des Américains à Paris ?

**S. L.** — Reid Hall a été la première école américaine à Paris. Des gens comme Lacan ou Deleuze y venaient parce qu'ils n'avaient jamais entendu un Américain auparavant. Tout a commencé en 1972. D'une certaine manière, c'est là que j'ai fait mes classes en invitant la multiplicité des voix qui composaient la *Theory*, Deleuze, Guattari, Foucault, Leclaire, Clément, Hollier, etc.

Pourquoi ? Je l'ai dit, je m'étais absenté pendant cinq ou six ans au cours des années 1960. Mes mentors étaient Barthes, A. D. Coleman, Lefebvre, etc. Quand je suis parti pour la Turquie, puis l'Australie et enfin les États-Unis, j'ai été totalement coupé de la scène théorique. À mon retour, j'ai créé ces écoles afin de rattraper mon retard, car tout ce qui se faisait à cette date était en rupture avec ce que j'avais connu auparavant. Ça avait commencé avec Derrida, l'attaque de Lacan...

Toute la scène française s'était comme démultipliée, mais de façon conflictuelle, exclusive. Or j'étais tout sauf exclusif. J'ai donc décidé d'inviter un certain nombre de ces professeurs qui ne se parlaient pas, et j'ai créé un groupe à partir de ce qui n'en était pas un. En France, la rivalité peut se révéler particulièrement destructrice pour la créativité, par opposition à la situation américaine, où elle devient créative en rehaussant la...

**D. G.** — Compétition...

**S. L.** — Eh oui! Tout ce groupe autour de John Cage, cela avait à voir avec l'apprentissage d'être américain. Comme tu le sais, nous apprenons de l'intérieur de la culture, depuis un endroit que la culture semble nous interdire. À partir d'une série de choses déconnectées, j'ai créé avec des gens un réseau qui n'existait pas avant. C'est ce que nous avons fini par appeler la *French Theory*. Cette *Theory* n'avait pourtant de *French* que d'avoir été créée à moitié en France. Car arrivée aux États-Unis, elle était devenue une création américaine, une connexion entre des choses, et est rapidement devenue un objet de culte et de fétichisation.

**D. G.** — Ta relation avec Lacan est très intéressante, tes tentatives de lui trouver des solutions de rechange. Comment te positionnes-tu par rapport à lui?

**S. L.** — J'ai participé à plusieurs de ses séminaires et même été le premier à donner des conférences puis des cours sur lui à New York. Je l'ai dit, j'étais très proche de Deleuze et Guattari. Tout part de là. J'avais lu Lacan et Freud, mais ma rage, si je puis dire, portait surtout sur le second. Mon rapport à la psychanalyse avait aussi beaucoup à voir avec mon passé. Autour de moi, les gens disaient : « Tu as vraiment un problème. L'analyse, c'est génial, tu sais. » J'ai essayé plusieurs fois, mais je n'ai pas supporté. À Paris, j'étais allé voir un lacanien. C'était très intéressant, mais à la fin de la première séance, il m'a dit : « Le montant de la séance est tant. » J'ai dit : « D'accord, vous me donnerez un reçu ? – Ah ! non, jamais, c'est contre nos principes. » J'ai dit : « Désolé, mais je suis américain. J'ai besoin d'un reçu. »

La psychanalyse était tombée dans les mains de gens qui ne contrôlaient plus rien au nom de l'idée qu'ils étaient censés libérer le contrôle. Après quoi d'autres gens en avaient fait quelque chose d'entièrement différent et l'avaient utilisée pour reprendre le contrôle. J'étais donc extrêmement méfiant à son égard, tout comme les psychanalystes étaient extrêmement résistants à ma méfiance. Au fond, je résistais à la psychanalyse parce que je résistais à des choses qui avaient eu une importance capitale pour moi dans le passé.

Le problème que j'ai dans la vie est que je devais faire quelque chose sans les trahir. J'étais impliqué dans un moment de l'histoire qui se ramenait à une illusion collective. Quand je me suis senti submergé par ce moment, j'ai compris qu'il n'était pas le mien. J'étais là pour d'autres raisons. J'étais là comme un témoin parmi de nombreux autres, dont certains avaient eu une expérience bien plus terrible que la mienne, mais je ne pensais pas qu'il y avait là quelque chose de personnel dont j'aurais dû guérir.

Ma relation à Freud et à Lacan est de ce type, le second à cause de l'accent qu'il met sur la langue. J'étais structuraliste, sémiologue, et une partie de la raison pour laquelle j'avais créé ces petits séminaires à Paris est que je voulais désespérément me débarrasser de la linguistique. Avec le groupe des sémiologues, nous luttions contre l'hégémonie de la linguistique sur le reste, en fait sur tous les domaines de la pensée. En d'autres termes, nous voulions promouvoir la sémiologie aux dépens de la linguistique. Au fond, nous considérions la langue comme tout ce que les gens considèrent comme de l'art, et l'art comme une forme de sémiologie à maints égards. L'art est une façon particulière d'organiser des signes mixtes, qui ne sont pas seulement des signes, et de les relier à d'autres signes, et ainsi de suite.

Le groupe de sémiologie essayait – au sein de la discipline – d'échapper à l'hégémonie de la linguistique, et c'est pourquoi il m'a fallu du temps pour me débarrasser du structuralisme. Quand j'ai commencé à faire tous ces séminaires en France, j'ai voulu dépasser la linguistique, non seulement parce que c'était à la mode, mais aussi parce que je m'étais rendu compte que le structuralisme pouvait être considéré comme «une certaine façon de relier les choses». L'important ne tenait pas tant à la singularité des choses qu'au fait qu'en établissant une relation on expulse la singularité. Cette idée que la relation n'est pas si importante se trouve aussi chez Cage. C'est vraiment la possibilité d'atteindre une certaine singularité qui établit la matérialité des choses.

En lisant ton livre de conversations avec Pierre Guyotat, je me suis dit que j'étais son exact contraire. J'ai aussi mieux compris Artaud. Pierre est complètement ancré, enraciné dans l'histoire, la classe, la putréfaction des corps, ce qui est plus que matérialiste. Car tout est matériel, même le sperme. C'est quelque chose avec quoi il est possible de créer.

La Bible est sa bible. Il a ce lien total avec les années 1930 et 1940. Nous en avons parlé cet après-midi. En d'autres termes, il est tout ce que je ne suis pas. Je suis parvenu à un endroit où il n'y a plus d'identité, plus d'appartenance, plus personne. Tout ce que l'on peut faire, c'est aller de pays en pays et ne s'enraciner nulle part.

Bien sûr, ce ne sont là que des clichés. Les Juifs sans racines, etc. Je n'y peux rien. En même temps, ma relation à la philosophie est celle de quelqu'un qui n'était pas philosophe et qui essayait d'éviter de l'être parce que la philosophie l'empêchait d'exister.

Je me tournais vers tous les philosophes, tel Cage, car il est philosophe, Nietzsche bien sûr, le pivot, Deleuze, Guattari, Foucault… Tous sont des philosophes, même si le rapport qu'ils s'efforcent d'entretenir avec la philosophie est un rapport à la matière. Mais ce ne sont pas les choses qu'ils abstraient, c'est la vie.

J'occupais cette étrange position où le seul territoire que je pouvais occuper était la philosophie et où la philosophie était une chose dont je voulais me débarrasser. L'un des moyens que j'ai trouvés pour m'en débarrasser a été de l'exporter aux États-Unis.

# 4

# **ENTRETIENS**

# **ET POLITIQUE**

**D. G.** — Je voudrais commencer ce nouvel entretien en partant de tes films. Tu as filmé ou enregistré bien des entretiens avec des personnes, artistes notamment. Est-ce que cela ne te dérange pas que 99 % de ton archive soit inédite?

**S. L.** — Non, c'est un peu au hasard, c'est le hasard qui fait que les films sont montrés ou pas. Le hasard et les amitiés. Les films ont été montrés dans une quinzaine d'endroits.

**D. G.** — Quand tu accumulais tous ces enregistrements, est-ce que tu les accumulais pour que ce soit rendu public, ou pour une autre raison?

**S. L.** — Pour moi, c'était du temps gelé. Le temps passe, mais moi je l'ai gardé. J'étais supérieur au temps. J'ai l'image d'une caméra qui va dans un coin, et il y a des boîtes et des boîtes, d'interviews enregistrées. C'était aussi un peu cela que je faisais.

**D. G.** — Comment choisissais-tu les personnes, les communautés que tu filmais?

**S. L.** — Cela dépend. Chaque situation était différente. Par exemple, il y avait un magazine français qui s'appelait *Autrement*. *Autrement* a fait un numéro qui s'appelait *New York Electric*. Ils m'ont demandé de faire des interviews. C'était une occasion. Mon amie Marion Scemama voulait que je fasse une interview avec David Wojnarowicz, qui a récemment été montrée au Whitney. New York faisait l'unité de cet ensemble, mais ce n'était pas planifié.

**D. G.** — Quand on fait des entretiens, en général, c'est une forme de journalisme. Il me semble que pour toi – comme nous en avons parlé la dernière fois – c'était différent...

**S. L.** — J'ai toujours fait beaucoup de choses à la fois, et des choses très différentes. Parfois, c'était des extensions de ce que j'avais commencé. Je t'ai parlé de cet entretien où je dialoguais avec un magnétophone. Moins j'écrivais de textes universitaires, plus je faisais d'interviews. C'était une manière d'accumuler l'expérience et la théorie. Parce que tout cela, pour moi, c'était théorique.

**D. G.** — Dans quel sens est-ce que c'était théorique?

**S. L.** — Dans les années 1970, j'ai beaucoup travaillé sur la danse et la musique, parce que c'était ce qu'il y avait de plus vivant à New York à cette époque. C'était pour cela que les gens venaient à New York : la musique expérimentale, la danse de Cunningham. Le but n'était pas forcément d'aller droit à ces gens, mais chaque interview était d'une certaine manière une facette de ce qui m'intéressait par-dessus tout, c'est-à-dire New York. Tout ce que j'ai fait jusqu'à un certain point – disons la moitié ou la fin des années 1980, avant la reprise de l'immobilier – était une espèce d'entrée par effraction dans cet endroit qui était un *no man's land*, mais aussi plein de choses tellement prometteuses : New York. New York faisait l'unité de tout cela : ce pouvait être Cage, Burroughs, des danseurs. Et puis, par exemple, des amis allemands, qui voulaient faire une interview avec moi. Donc j'ai fait des interviews pour compléter des ateliers que j'avais faits. Tu vois, cela prend des formes différentes. Il y avait aussi des interviews avec des psychiatres.

**D. G.** — On revient à ton rapport à la psychiatrie, à la psychanalyse. Tes entretiens sont aussi une forme de thérapie, à la fois pour toi et pour les personnes dont tu deviens en quelque sorte l'analyste…

**S. L.** — L'art était leur psychanalyse. Mais c'était une certaine manière de mettre ensemble des choses qui n'allaient pas ensemble. C'était comme si j'avais différentes filières, et que je les suivais. Il y avait la filière des interviews et la filière des vidéos. Il y avait la filière des films. J'ai fait des films pendant un an parce que j'avais un loft et que je pouvais inviter des gens à parler chez moi. Tout était déjà installé. J'avais une amie qui faisait de la vidéo. Donc pendant un moment il y a eu une série de longues, très longues interviews qui sont souvent devenus des films. Mais il s'est trouvé que j'ai dû quitter le loft et cela a complètement tari cette source. Néanmoins, c'est cette idée de partir d'une chose et puis de voir où elle nous mène. À partir de ce moment, on fait un réseau. C'est une série de facettes d'un monde qui ne se laisse pas déchiffrer autrement.

**D. G.** — Comment est-ce que tu vois l'unité de tes propres facettes : universitaire, éditeur, auteur, interviewer, vidéaste, être humain…

**S. L.** — C'est un petit peu comme les gens dans le film de Wim Wenders : on ne sait jamais où cela va aller. On va aller et c'est l'objet. Je suis un peu dans cette situation. Quelque chose va arriver, mais je ne sais pas vraiment comment cela va se passer. Pour moi, l'interview consiste à aller vers quelque chose que je ne connais pas, mais qui va être une révélation pour moi. En général, quand je fais une interview je ne me prépare pas pour l'interview. J'ai quelques données vagues qui me permettent de déchiffrer une zone d'intensité, mais je ne veux pas faire d'interview en sachant déjà ce que je vais avoir. C'était cela l'intérêt, pour moi. C'était la vie de l'interview, et une manière de produire des événements. J'ai vraiment une espèce de nœud, de temps qui résiste à l'interprétation. C'est vrai aussi que je le faisais parce que je n'ai jamais voulu faire d'analyse. Le langage psychanalytique me rebute.

Ce n'est pas le langage seulement, c'est que la psychanalyse veut révéler des secrets, et je ne veux pas les donner, je ne veux pas les révéler par une grille qui aplanit tout. Artaud disait qu'il y a quelque chose d'une trahison, quand on va en analyse. C'est comme couper aux sources d'une certaine relation à l'art, au monde. Je suis d'accord avec Baudrillard : les choses sont secrètes parce que tu ne sais même pas ce que tu vas donner. Et c'est tout de même ce qui se passe dans la vie. Tu ne sais jamais complètement comment cela va se terminer. Tout ce que je faisais, c'était de placer des briques les unes sur les autres et de faire une sorte d'édifice branlant. Que chaque chose ne veuille rien dire et en même temps charrie un tas de choses. Il y a toujours un moment où cela craque et il y a une révélation de quelque chose qu'on ne connaissait pas avant.

**D. G.** — Et les personnes que tu interviewais acceptaient, ainsi, de faire des entretiens avec toi ?

**S. L.** — Oui. Ils ne me connaissaient pas du tout. Et même j'ai interviewé des gens qui n'étaient pas des artistes. Par exemple, il y avait ce type qui était complètement compétitif dans tout ce qu'il faisait. Cela m'intéressait, parce que ce n'était pas New York, mais c'était l'Amérique : être toujours le premier en tout, etc. Donc j'avais fait une vidéo avec lui. Je n'en ai rien fait ensuite, mais c'est comme ça. C'était aussi une manière de comprendre et de connaître New York. New York m'appartenait. J'ai eu des périodes de ma vie, surtout vers le milieu des années 1970, où j'avais encore une voiture, je ne dormais pas, mais j'allais à la reconnaissance de mon cheptel. J'avais des lieux où j'allais jusqu'à 2 heures du matin, d'autres à partir de 3 heures du matin. Je faisais le trajet en voiture et je m'arrêtais dans des lieux de lumière, la nuit. Toute la ville dormait, et je n'arrivais à comprendre comment les gens pouvaient bien dormir alors qu'il y avait une telle source d'amour, de sexe, de choses qui se passaient. Même quand je quittais New York pour quelques mois, je revenais et j'allais voir un petit peu tous les points auxquels j'allais, et voir le changement de tout cela. C'était aussi rencontrer des gens au hasard, tu vois? Je rencontrais des gens qui m'emmenaient chez eux, on parlait, je mettais un magnétophone. C'était une certaine manière de faire des choses sans vraiment qu'elles soient définies. C'étaient à la fois des choses qui partaient de l'art puis de la vie qui est une forme d'art. On la construit à chaque instant.

**D. G.** — Cette question de l'art et de la vie est absolument centrale pour toi. Elle l'est dans les auteurs que tu as étudiés. Mais tu es allé chercher des modes de vie extrêmes…

**S. L.** — Oui, bien sûr. Je ne suis pas, je n'avais pas l'intention d'être universitaire du tout. C'est pourquoi j'ai utilisé l'université pour voyager. Les gens qui m'avaient formé, Barthes, etc., je ne les considérais pas comme des universitaires, mais comme des inventeurs. Cela m'intéressait, mais quant au reste, j'usurpais l'université. Je ne faisais pas une carrière. J'ai vu la manière dont on m'a traité, et ils avaient tout à fait raison de me traiter comme ils le faisaient. Ils avaient raison de ne pas augmenter mon traitement. Ils avaient raison de ne pas me donner de promotions. Systématiquement, j'essayais de décourager les gens, pour que, d'une certaine manière, on n'attende plus rien de moi. Je me rappelle que, quand j'avais ma gosse, elle avait cinq-six ans, j'avais un déambulateur, et le vice-président de Columbia m'avait demandé d'être dans des comités *ad hoc*. Quand on est dans un *ad hoc*, c'est le grand lieu de l'université : l'important n'est pas ce que l'on fait, c'est une petite communauté qu'on crée. On a l'occasion de côtoyer le président : c'est la Mecque de l'université. À cause de Barthes j'étais invité chez les Japonais pour une soutenance de thèse, etc. Je me suis dit : je n'ai pas le choix. J'ai essayé de casser ça. Donc je devais aller à la réunion du *ad hoc*, je me suis rendu compte que j'étais en retard, que je n'y arriverais jamais. J'ai appelé, et j'ai dit que je n'avais pas de baby-sitter. Ils ne m'ont jamais rappelé. C'était clair. Je ne l'avais pas forcément provoqué, mais avec le genre de vie que je menais, d'aller dans les clubs la nuit, d'une manière ou d'une autre, cela aurait éclaté. Je me rappelle qu'une fois, alors que je revenais du Mudd Club, où j'avais passé toute la nuit, et que j'étais arrivé à 7 h 30 du matin à Columbia, je m'étais rendu compte que je n'avais pas le temps de passer chez moi. Et donc j'avais encore un blouson avec des piques. J'arrive, et je me dis, cela devrait passer. Malheureusement, cette fois-ci, mon doyen était sur les marches de Columbia. Je passe devant la statue, il m'a regardé, et vite il a détourné le regard et il est passé. Voilà, je m'étais encore brûlé. Je voulais être brûlé sans le vouloir, sans pousser les choses à bout. Je ne voulais pas du tout qu'on me renvoie, parce que je n'aurais plus eu la possibilité de faire ce que je faisais. Donc je faisais toujours ce qu'on me demandait, mais le minimum de ce qu'on me demandait. Je ne me cassais pas la tête avec l'université. Mais j'ai compris qu'être un rebelle de l'université, ce n'était pas intéressant. Si on passe son temps à choquer les gens, c'est de l'énergie négative. Mais je me servais de l'université, ils le savaient très bien.

**D. G.** — Et pourtant, tu as formé des générations d'étudiants, qui sont devenus théoriciens, penseurs…

**S. L.** — Oui, mais maintenant ils sont artistes, galeristes, acteurs, donc ils n'ont pas vraiment suivi un parcours universitaire classique. Et puis enseigner était la seule chose qui m'intéressait à l'université. J'adore enseigner, et j'adore enseigner quand je ne sais pas très bien ce qui se passe. Chaque classe pouvait tourner d'une manière ou d'une autre. Souvent, quand j'enseignais Artaud, je ne pouvais pas l'enseigner d'une manière rationnelle. Donc je fumais de la marijuana. J'arrivais en classe, et je commençais à parler Artaud. Ce n'était pas Artaud, ce n'était pas moi, mais c'était une certaine manière d'accéder à ce qui était hors de la norme. Ou alors il se trouvait que j'avais encore des problèmes avec une baby-sitter donc je venais avec ma gosse et je faisais mon cours avec elle dans mes bras. Quand j'enseigne, je ne suis pas différent de ce que je suis hors de l'université. S'il y a des émargements des uns et des autres, il faut l'accepter. Comme tu sais, il y a chaque année des livres où les étudiants évaluent les professeurs, ils mettent leurs notes et leurs commentaires. Certains disaient : « Quand on entrait dans cette classe, c'était une atmosphère tout à fait particulière. »

**D. G.** — En bien ou en mal ?

**S. L.** — Ah ! Ils savaient très bien que je me défonçais. Et je ne le cachais pas non plus, tu vois. Je ne disais rien, mais on le sent très bien quand les gens sont un peu *high*. Mes rapports avec les étudiants n'étaient pas des rapports maître-esclave. Je voulais leur faire comprendre que l'université était un endroit où on pouvait faire de très grands spécialistes, mais ce n'était pas la vie.

**D. G.** — Tu as autant vécu dans les clubs qu'à l'université.

**S. L.** — Oui, mais jusqu'au milieu des années 1980 seulement. Quand j'ai commencé à voir mes étudiants dans les clubs, je n'y suis plus retourné. Il y a eu un moment au milieu des années 1980 où *uptown* et *downtown* se sont mélangés. Ce qui est intéressant dans les clubs, c'est qu'on avait un tas d'amis, et même si on ne pouvait pas discuter dans le club, parce que la musique était très forte, on se rencontrait, on allait sur le trottoir. C'était une sorte de manière de faire une communauté flottante, un endroit où on se retrouvait. On disait : « Bon, est-ce que tu es libre pour deux jours, on va aller à Coney Island faire un film ? » Alors, je venais, j'étais l'éclairagiste.

**D. G.** — La notion de « communauté flottante » est intéressante. Elle semble gouverner tout ce que tu as fait… C'est comme ça que fonctionnait *Semiotext(e)*.

**S. L.** — Et que *Semiotext(e)* fonctionne encore. Pour moi, la communauté ce n'est pas une idée. J'ai vécu huit ou neuf ans en communauté. Contrairement à la sensibilité des Américains, je ne suis pas compétitif du tout. Au contraire, j'aime bien que les gens contribuent à leur manière. Pour pouvoir faire des choses comme cela aux États-Unis, il fallait avoir une subjectivité comme la mienne : j'aimais le travail bien fait, donc je ne laissais pas forcément les gens faire tout ce qu'ils voulaient, parce qu'on avait un but, un projet. « C'est le projet qui compte », je disais toujours. La personne qui le fait n'est pas importante. J'ai maintenant beaucoup de critiques vis-à-vis du sionisme, mais le mouvement m'avait appris que, quand on te donne un cadre, tu peux être quelqu'un, mais tu peux aussi être tout le monde. De la même manière que tu donnais tes vêtements, qui étaient socialisés. Tu donnais tes vêtements, et tu te socialisais. Les numéros de *Semiotext(e)* étaient une manière de créer des communautés flottantes, parce qu'elles ne duraient pas. Par exemple avec mes amis allemands, ou avec mes amis italiens. Quand il y a eu l'East Village, au début des années 1980, ce n'était plus ça. C'était trop médiatisé, trop américain, trop compétitif. En fait, je n'ai jamais aimé l'Amérique. J'ai aimé New York, à la folie. Mais dans l'Amérique, ce qui m'intéresse, c'est les grands plateaux de l'Utah ou de l'Arizona. Tous les ans, dès que j'avais terminé mes cours, je partais, j'attrapais un avion, je louais une voiture, et je passais un mois sans parler à quiconque, parce que pour moi New York était tellement intense : tu ne peux pas supporter ça. Je me rappelle que j'allais en Jamaïque parfois une fois toutes les trois semaines parce que je ne pouvais plus tenir à New York. Il y avait une vie tellement intense, et c'est tout de même ce que New York m'a donné. Et que je lui ai rendu, autrement. J'ai donné à New York tout ce que je pouvais lui apporter. C'était un « potlatch. »

**D. G.** — D'où ta relation aux figures considérées alors aux marges t'est-elle venue ? Les figures qui avaient des modes de vie et des sexualités hors de ce qui était la norme ?

**S. L.** — C'est venu de plusieurs côtés, il y a tout de même le texte sur la *Vénus à la fourrure* de Deleuze qui m'avait un peu ouvert l'esprit sur ça, parce que je n'y connaissais rien. De même que je ne connaissais rien à l'art américain. C'est par la communauté gay que j'y suis venu : bien que je ne sois pas gay, j'allais tout le temps à des fêtes gays. J'arrivais deux jours à l'avance, je faisais le tour, je me déshabillais. On m'amenait où il y avait des bals. On allait se déguiser. Les gays étaient bien plus amusants que ceux qui avaient une vie bien particulière et bien singulière. C'est par les gays que j'ai découvert le sadomasochisme. Cela va totalement contre ma nature. Je ne suis pas sadomasochiste du tout, mais cela m'intéressait. Je voyais paraître des publicités dans le *Village Voice* pour ces pratiques. C'étaient les toutes premières, et cela a attiré mon attention. Tout ce qui se passait à New

York m'intéressait pour les manières de vénérer New York et ce que New York te donnait comme possibilités.

**D. G.** — Ce qui t'intéressait, ce n'était pas les salles XVIIIe siècle du Metropolitan ou la Frick Collection.

**S. L.** — Non, par exemple dans mon film sur *La Violente Femme*, il y a moment où on me disait : « Écoute, tu nous as amenés à ce moment-là, mais ce n'est pas pour toi, parce que ce n'est pas ta forme de désir. » Donc je devenais un petit peu l'anthropologue de la situation. Je répondais : « Bon, je vais vous aider à parler entre vous, mais je ne prends pas votre place. » C'est un peu comme avec mes amis italiens ou mes amis allemands, ou avec les Black Panthers. Je me mets à leur disposition, je suis disponible. J'ai une vie disponible, et ma manière de vivre est d'avoir une disponibilité, donc, quand quelque chose se présentait, j'essayais de voir ce qui pouvait être important là-dedans, et puis je me lançais, je trouvais un moyen de l'intégrer.

C'est pourquoi quand je me trimballais avec ma voiture la nuit, je trimballais mon magnétophone. Parfois je rencontrais des gens à deux ou trois heures du matin. Ils me disaient : viens chez moi, etc. Je venais, il y avait du danger, je ne connaissais pas ces gens-là. Il y avait des hommes, il y avait des femmes, etc. Je me suis demandé : qu'est-ce qu'être gay ? Donc je suis revenu de clubs avec un homme, oui, mais j'allais jusqu'à un certain point, mais le reste c'était lui, ce n'était pas moi. Et donc je ne me forçais jamais à faire quelque chose. Je ne forçais jamais les autres à faire les choses à ma manière. Tu vois ! Pourquoi les discussions entre dominatrices ? Elles avaient raison. Elles m'ont dit toi, *take your dick there*. C'est vrai, moi je venais en anthropologue. Cela n'avait rien à voir avec leur passion. Et donc j'essayais de trouver quelqu'un d'autre avec qui la dominatrice pourrait parler en égal, et je leur disais : « C'est bon. Moi, je vous mets en scène, profitez-en. Mais je ne vais pas me l'approprier. »

**D. G.** — Il y a des moments où tu es resté dans une forme de distance, d'autres dans lesquels tu t'es davantage associé. Comment tenais-tu les deux ?

**S. L.** — Cela dépend des moments. Les moments sont différents. Il y a des moments où j'étais un peu fou à New York. Ces moments où j'étais un peu fou, un peu délirant, j'avais déjà rompu avec mon ex, j'avais ma gosse. Je menais une vie. Mes émotions, je ne les éprouve pas. J'utilise les gens que je rencontre, les situations que je rencontre, comme un éclair, une zone électrique. Ils me font ressentir des choses, parce que mes sentiments, mes sensations sont trop puissants. Je ne peux pas faire un pas, c'est tout le corps qui va. Et donc je me suis cassé un petit peu un certain nombre de fois, parce que je ne peux pas supporter les émotions. Cela ne veut pas dire que je ne suis pas émotionnel, mais je vais toujours jusqu'au bout.

**D. G.** — C'est un peu le récit que Chris Kraus fait de votre relation dans *I Love Dick*.

**S. L.** — Oui, oui, tout à fait. Une fois, je suis allé au Japon, avec Chris. J'étais invité à parler de Kafka, alors que je ne suis pas spécialiste de Kafka du tout. Il y avait cette assemblée de trente ou quarante personnes. C'était chez un psychiatre qui connaissait Foucault et Guattari. Il était metteur en scène de ses propres patients. Je commence à parler de Kafka en Tchécoslovaquie, la pensée de Kafka c'était trop, ma voix s'est cassée. Le psychiatre m'a dit : « Quelle horreur, le Japon, c'est surtout l'endroit où il ne faut pas montrer ses émotions ! » Mais cela m'arrive, maintenant, ici, quand je parle de la guerre. Cela me coupe l'esprit. Donc il faut que je choisisse des choses à bon escient, parce que c'est trop fort. En même temps, je m'en voulais toujours parce que je ne ressentais pas d'émotion du tout. Je me demandais comment faire. Je ne pense à rien. Je n'ai pas de pensée à moi. C'est comme si j'étais *deprived of myself*. Il fallait donc que je me retrouve, je me retrouvais un petit peu par toutes sortes de choses que je faisais. Mais je me demandais comment faisaient les gens, s'ils pensaient tout le temps…

**D. G.** — Est-ce le fait de ne pas avoir de pensée à toi qui t'a amené à t'ouvrir comme un champ à tout le monde ?

**S. L.** — Oui, tu as raison.

**D. G.** — Et comment as-tu réussi à écrire ? Tu as quand même écrit des livres…

**S. L.** — Oui, cela veut dire rester à son bureau. C'est paradoxal, parce que j'adore écrire, mais en même temps c'est très difficile pour moi. En plus de la question : qu'est-ce qui est en moi ? De quel droit est-ce que j'écris ? Comme je n'ai pas de «je», ce qui sort n'est pas de moi. C'est vrai que cela a beaucoup joué. Quand je commençais quelque chose, je me disais que cela ne m'appartenait pas. Donc une grande partie de ce que j'ai fait, je ne l'ai pas fini. Il n'y a pas de raison de le finir parce que n'importe comment tout se finit. Je n'ai pas besoin de faire les choses à l'avance.

**D. G.** — C'est aussi ton rapport à la pensée de Nietzsche. Nietzsche n'a pas de sujet.

**S. L.** — Oui, tout à fait. Nietzsche, c'est une découverte. Mais c'est arrivé très tôt, c'est la France, l'intellect comme je le veux. Cela m'a pris du temps à comprendre tout ce que je te dis. Mon rapport à Israël, aussi : quand je me suis rendu compte de ce à quoi j'ai participé, cela m'a complètement défoncé. C'était un déchirement total, parce que c'était mon enfance. Ce n'était pas seulement mon enfance, c'était aussi mon rapport à la judéité ; voir que tout cela est comme si cela n'avait jamais existé, que cela avait été annulé par Israël même.

**D. G.** — Quel rôle le judaïsme a-t-il joué dans ce que tu es maintenant ?

**S. L.** — Enfin, judaïsme, pas au sens religieux. Je dirais que c'est 90 %, mais les gens ne le savent pas. J'ai écrit un petit article, «Étant donné», que je t'ai envoyé. C'était la première fois que je pouvais toucher au sujet. Je me dis en même temps que mon rapport au judaïsme est complètement foutu parce qu'il aurait fallu que je comprenne vingt ans plus tôt que je ne l'ai fait. Souvent, je fais les choses trop tard : j'ai rencontré des artistes polonais récemment. Mon rapport à la Pologne, je me suis dit que j'avais toujours eu envie d'y retourner. Pas parce que la Pologne m'intéresse, mais parce que c'est le lieu où je suis mort d'une certaine manière. J'ai rencontré des Polonais en Allemagne, ils m'ont invité à faire du théâtre, et ils ont montré mes films. J'ai parlé un peu avec eux, je leur ai demandé : «Que pensez-vous de la situation actuelle de la Pologne?» Une femme qui s'appelle Polina m'a répondu : «Je ne sais pas, les Polonais ne savent pas très bien qui ils sont, ni quoi.» Je lui ai répondu : «Mais on ne peut pas accepter que la Pologne redevienne antisémite.» Polina m'a dit : «Mais pourquoi n'écris-tu pas un petit texte court, qu'on lira à la performance?» Ce petit fragment était sur le fait que les Polonais ont été exterminés par les nazis et qu'à leur tour ils sont devenus des nazis. Elle leur a dit qu'il était temps qu'ils arrêtent, qu'ils reprennent leur passé sur leurs épaules, qu'ils acceptent ce qu'ils ont fait, qu'ils aillent plus loin. Elle l'a lu dans un théâtre. La Pologne ne m'intéresse pas en tant que telle, c'est comme l'Allemagne : quand j'ai terminé le numéro allemand, je n'en ai plus fait d'autre parce qu'il y avait tout ce que je voulais, mais d'une manière assez secrète pour que les gens ne le voient pas, qu'ils y voient ce qu'ils veulent. Mais moi je sais très bien ce que j'en veux.

**D. G.** — Tu as fait de *Semiotext(e)* une plateforme politique…

**S. L.** — Tu m'as demandé, la dernière fois qu'on s'est vu : «Mais que penses-tu politiquement?» J'ai dit, «je suis de gauche», et cela t'a étonné. Mais ma gauche, ce n'est pas celle des Français : c'est une gauche qui n'a jamais décliné. En 1968, j'étais comme Foucault, je n'étais pas en France. La politique révolutionnaire est devenue de la politique et au-delà de cela la politique ne m'intéresse pas. Même si je sais que la révolution n'arrivera pas, c'est tout de même une belle chose. Si tous les présupposés sont foutus, même si toutes les idéologies auxquelles on s'était raccroché n'existent plus, il y a quelque chose que j'appelle de gauche. Ma gauche est à 90 % juive. Je ne peux plus tolérer qu'on fasse ce qui a été fait.

**D. G.** — Tu parlais de théorie tout à l'heure, et tu disais que ce que tu faisais était de la théorie. En quel sens?

**S. L.** — C'est une théorie vécue, donc j'apprends des choses en marchant. Mon bagage intellectuel n'est pas systématique du tout. C'est d'une certaine manière parce que je ne suis pas philosophe au sens traditionnel que j'ai pu faire tout ce que j'ai fait. Comme je ne comprends que la moitié des choses que je lis, je ne suis jamais envahi par un système. Mais pour écrire un livre de philosophie, il faut avoir un système, et cela, je ne l'ai pas. C'est pourquoi je compte sur la chance. Je compte sur les gens que je rencontre ou des gens qui m'interviewent, cela me fait comprendre des choses. J'ai besoin qu'on m'aide. Je ne suis pas un vrai philosophe. Cela m'angoisse, parfois, mais c'est par mes insuffisances que j'ai pu réussir à m'ouvrir des portes.

**D. G.** — Quel est ton rapport à la philosophie?

**S. L.** — J'aime bien la philosophie pour les autres. J'aime que des gens philosophent, qu'ils m'apportent des choses philosophiques. En même temps, je ne voudrais pas vraiment être philosophe. J'en serais incapable. Je n'ai pas pu mettre ensemble un système. C'est d'ailleurs pourquoi j'ai pu mettre en place Guattari, Baudrillard, Foucault parce que, eux, ils ont leur *turf*, ils ont leur terrain. Moi mon terrain, il est disponible, disponible pour ce que les gens veulent en faire. Mais aussi, j'apprends des choses quand je fais une interview, quand les gens m'interviewent, c'est une manière de reprendre, de me réapproprier la philosophie. Parce que je fais toujours une réflexion par rapport aux gens que je rencontre ou aux choses que je rencontre, oui. Il faut un bagage philosophique, mais il ne faut pas qu'il soit trop lourd! J'aime bien un bagage que tu peux prendre avec toi et puis voyager avec.

**D. G.** — C'est un peu comme Paul Virilio, qui n'était pas philosophe de formation.

**S. L.** — Oui, c'est cela oui. Baudrillard non plus. C'est des gens qui trafiquaient la philosophie et qui créaient des concepts, les concepts qu'il leur fallait, dont ils avaient besoin. Cela ne faisait pas forcément partie d'un système, mais cela répondait à des raisons ou à d'autres. Pour Virilio, il y avait son rapport à son père, son rapport à la mort. Baudrillard, c'est son rapport à ses insuffisances à lui. J'ai un certain rapport à Baudrillard parce qu'il est illégitime, il fait des enfants à la philosophie. Il a, lui, un système. Et c'est un système qui va à la mort. Donc ce n'est pas la peine d'aller trop vite. La plupart des gens s'angoissent quand ils lisent Baudrillard. Ils disaient : « comment peut-on avoir un monde aussi mort que ça », mais lui, cela le faisait jubiler. Je suis un peu comme Baudrillard, il est un peu comme moi, c'est pourquoi cela a été une rencontre. Félix c'est celui qui voit l'avenir ou la vie comme un trotskiste. Un avenir à construire. Baudrillard, c'est un avenir à déconstruire, à détruire. C'est ce que les gens ne réussissent pas à accepter. Moi, cela me paraît tout à fait normal et vital. Parmi les philosophes, je choisis ceux dont j'ai besoin. Pas « besoin » au sens de trafiquer un article, mais j'en ai besoin pour vivre.

**D. G.** — En même temps, tu en es venu à représenter une forme de philosophie d'une certaine manière.

**S. L.** — Oui, mais donc je suis indigne en même temps.

**D. G.** — Se pose la question de la nature de la philosophie pour toi : est-ce un objet théorique ?

**S. L.** — C'est un objet dans la vie. Quand j'ai besoin de quelque chose que je ne trouve pas ailleurs, je dois aller le chercher dans la philosophie. La philosophie me donne des clefs, et à un certain moment j'ai besoin de réfléchir sur ces clefs, d'en faire des concepts, qui ne sont pas forcément à moi. En faire des concepts, cela me permet de faire un bond, un bond en avant, en arrière, sur le côté. J'ai besoin d'une philosophie pour vivre.

**D. G.** — Une dernière question : d'où vient ta passion pour le mouvement punk ?

**S. L.** — C'était une certaine manière de ne rien avoir à respecter. C'était l'idée qu'il y a quelque chose de perdu dans le temps. J'ai serré la main de Malcolm McLaren. Le *no future*, ce n'est pas qu'il n'y a pas de futur, c'est qu'on ne peut plus croire en rien.

**D. G.** — Mais penses-tu vraiment que l'on ne puisse plus croire en rien ?

**S. L.** — Cela dépend de ce que « croire » veut dire. Il y a tellement de choses auxquelles on croyait et qui se sont écroulées pendant des années. Ce qui s'est écroulé, c'est la planète. *No future*, c'était ça : on produit de la mort constamment. Avoir un *future* reviendrait à maîtriser l'avenir, or on ne le maîtrise pas. C'est comme Baudrillard : il en fait quelque chose de jubilatoire, on ne pleure pas là-dessus. C'est le grain de la vie. C'est le punk.

# 5

# Anatomie

# de la subversion

**D. G.** — Dans cette série de conversations sur la subversion, je voudrais t'interroger, Sylvère, sur l'espace qui sépare la subversion de la transgression. De quel côté te sens-tu ?

**S. L.** — Je dirais des deux. Il s'agit de connaître exactement la signification, la valeur et la portée des termes que nous utilisons. Avant de recourir aux termes de transgression et de subversion, en particulier au premier, il convient de prendre en compte toute l'histoire liée à ces sujets. Pas seulement l'histoire d'ailleurs, mais aussi le contexte, qui varie énormément. Ce qui vaut pour une culture donnée à un moment donné peut se révéler extrêmement différent dans d'autres contextes.

Par exemple, est-il encore possible d'être transgressif aujourd'hui ? S'il devait rester une innovation à introduire dans le monde de l'art, ça pourrait être la transgression, mais d'une manière qui ne serait pas seulement verbale, ou verbeuse. Au fond, qu'est-ce qui pourrait être transgressif ?

Est-il seulement possible de l'être encore ? Je n'en suis pas trop sûr.

À Columbia, je m'étais, entre autres, spécialisé dans les écrivains des années 1930 et 1940. Ils étaient de fait très attachés à l'art classique, à l'image de Simone Weil, grande spécialiste de la Grèce, ou d'Artaud, génie autodidacte qui savait tout de l'histoire romaine et écrivait avec précision à son sujet. Et, bien sûr, Bataille, que j'ai été le premier à introduire dans ce pays. Nous avons réalisé un numéro spécial de *Semiotext(e)* qui lui était consacré, mais j'ai décidé de ne pas le publier. Ce pourrait être une question : pourquoi ai-je pensé, peut-être à tort à l'époque, que nous devions monter au créneau ?

En un sens, Bataille nous ramenait en arrière. En s'efforçant d'avancer dans son temps, il nous ramenait en arrière. Qui était Bataille ? Comme Staline et Hitler, mais aussi comme Artaud, il avait voulu être prêtre. Nous avons tendance à oublier l'importance de la religion dans notre culture jusqu'à, disons, la fin du XIX$^e$ siècle. Sa disparition a été ressentie comme une catastrophe par beaucoup de gens profondément religieux qui se sont sentis démunis dans la période de l'entre-deux-guerres.

La Première Guerre a été comme une hécatombe. En un sens, elle a marqué une nouvelle ère qui ne reposait plus autant sur Dieu. Les gens étaient devenus dépravés. Comme l'a dit Baudrillard : « Que faites-vous après l'orgie ? » Ils étaient venus après l'orgie.

La Première Guerre mondiale, avec ses vingt millions de morts, n'a pas été une période particulièrement douce.

Nous oublions que ceux qui ont inventé la mort de masse n'étaient pas seulement les nazis. Ça avait commencé avant avec le développement de la technologie moderne, que Hitler, bien sûr, a relié aux armes et à l'invention de nouveaux outils d'extermination.

Je m'intéresse à la question de l'extermination, évidemment, et de la mort, mais ce que j'ai découvert, ce sont ces gens qui, en leur temps, étaient très transgressifs et qui, aujourd'hui, ne le sont plus. Pourquoi étaient-ils transgressifs ? Certains mouvements tentaient d'élargir le champ d'application de la religion. L'Église de France, par exemple, essayait d'enrôler tant elle sentait que la religion était sur le déclin. Beaucoup de Juifs étaient sollicités pour venir se réinstaller en Israël. Dans le même temps, les personnes transgressives comprenaient que le problème n'était pas la transgression, mais la norme.

Le problème est que lorsque nous fixons la norme, la règle, nous devons savoir ce qu'elle signifie dans un contexte donné. Par exemple, quand l'artiste américain Andres Serrano a réalisé *Piss Christ*, il y a eu un certain scandale, mais personne n'a songé à le tuer pour autant. Mais si nous faisons une caricature d'Allah, nous sommes morts. C'est cela la transgression. Dans la transgression, la mort est en jeu. Il suffit de penser à Foucault. Le premier chapitre de *Surveiller et punir* est très beau, n'est-ce pas ? Il porte sur le supplice infligé au régicide Damiens. Celui-ci avait essayé d'assassiner le souverain et avait été châtié en conséquence. Pourquoi ? Parce que le souverain tient son pouvoir de Dieu. Il a été oint par Dieu. Si nous faisons quelque chose contre le monarque, nous serons punis sur la même partie du corps qui a commis l'acte que nous n'étions pas censés faire. Si quelqu'un tente de poser la main sur un monarque, c'est cette main qui sera coupée. Si c'est l'oreille, ce sera elle.

La transgression signifie que notre vie est mise en jeu. Lorsque Bataille s'est intéressé à la notion de sacrifice, il a vu que, dans le sacrifice, la chose la plus importante est la mort. Ces intellectuels français faisaient de leur mieux pour être contemporains. Comment peut-on avoir une religion sans Dieu? Si Dieu est mort, comment peut-on être religieux? Eux essayaient d'être religieux sans Dieu. Cela signifie qu'ils créaient un événement, un tout, une existence, une vie, une théorie, etc., qui leur permettait de réguler la production de la transgression. La transgression n'est pas quelque chose qui est donné. Elle existe dans une société où l'on peut transgresser. Bataille a inventé l'idée de communauté et celle de sacrifice. Il a réalisé que pour créer du sacré sans Dieu, il faut offrir un sacrifice. Il faut rassembler les gens. C'est ce qui a été tenté à l'approche de la Seconde Guerre mondiale, quand un certain nombre d'intellectuels français se sont rendus dans un endroit secret de la forêt de Marly pour se rencontrer. Ils allaient commettre un véritable meurtre. Bataille travaillait pour la Bibliothèque nationale à l'époque. Ils sont tous arrivés séparément dans la forêt. Ils n'ont eu aucun problème pour trouver une personne qui soit prête à être tuée. Leur problème était d'en trouver une qui soit prête à tuer. C'est la raison pour laquelle cela ne s'est pas fait.

L'important n'était pas seulement le sacrifice qu'ils avaient à l'esprit, mais aussi le fait que, lorsqu'un sacrifice se produit, il ne peut créer du sacré que si les gens s'identifient à la victime. L'objectif de cette approche, répandue dans les années 1930 et 1940, est de créer du lien entre les gens.

La société s'effondre. Pourquoi? En partie à cause de la technologie, à nouveau. Tous ces paysans encouragés à venir dans les villes sont devenus une calamité. Comment faire face à pareil chaos? Il est impossible de lier entre eux une telle masse de gens, à moins que des gens comme Hitler, ou Trump, s'en occupent. Ce n'est pas très facile. J'ajouterais même qu'il ne s'agit pas seulement de s'identifier à la victime du sacrifice, mais aussi à une blessure. Ce n'est pas un problème personnel. La principale question qu'impliquait la transgression est la suivante: sans un Dieu pour remettre tout le monde à sa place, le chaos règne, l'anarchie.

Les intellectuels du temps de Bataille étaient disposés à devenir anarchistes, mais des anarchistes religieux. J'ai été le premier écrivain à traiter de cette transgression. C'est précisément pour cette raison que je n'ai pas continué à publier Bataille. Si nous avions publié Bataille, nous serions millionnaires aujourd'hui. C'est une industrie académique formidable. Des thèses sortent tous les jours sur les catégories batailliennes, mais cela ne change la vie de personne. Ce que j'ai aimé chez ces gens, c'est qu'ils mettaient leur vie en danger, ou qu'ils étaient prêts à le faire. Pourquoi? Parce qu'ils étaient conscients que s'ils ne le faisaient pas, d'autres s'en chargeraient à leur place. Ils occupaient la scène depuis les années 1930.

En 1933, Bataille a écrit un texte intitulé *La Structure psychologique du fascisme*. Il n'a pas attendu Trump. Il savait qu'il y avait à l'œuvre ce qu'il appelait une «psychologie», un certain mécanisme par lequel le fascisme se produit: une coproduction avec le reste de la société. Cela l'intéressait beaucoup.

En janvier 1933, Artaud publie *Le Théâtre et la Peste*. La peste: nous entendons la peste noire, non qu'Artaud parlait des fascistes. Artaud penchait un peu du côté du fascisme, comme la plupart des gens de l'époque. Ils étaient de ce côté parce qu'ils avaient été confinés dans une mine, qui était la société.

Pour savoir exactement ce qui se passe dans la société, il faut être capable de s'y fondre avant de pencher à l'extrême gauche ou à l'extrême droite. Les extrêmes se touchent. C'est ce qu'Artaud a essayé de dire. La peste est là. Elle arrive. Que comptons-nous faire pour l'arrêter?

Il a parlé de la peste. Il a été invité, ce qui est amusant en soi, à en parler à la Sorbonne. Imaginons Artaud à la Sorbonne! Bien sûr, il ne pouvait pas se contenter de parler de la peste. Il devait *devenir* la peste. Il a décidé qu'il allait être le babouin qui avait grandi dans son imagination, et il a rampé entre les rangées de sièges, parmi le public. Les gens ne savaient pas quoi faire. Il essayait de s'offrir en sacrifice et de créer du lien entre eux.

Certains ont ri. D'autres sont partis. Quand il n'y a plus eu personne, à l'exception d'Anaïs Nin, qui nous a raconté ce qui s'est passé, Artaud s'est retourné et a dit : « Allons prendre un café. » Il s'est dépoussiéré et a ajouté : « Ces gens ne savent pas qu'ils sont déjà morts. »

Artaud avait raison. Cinquante millions de personnes étaient déjà mortes, virtuellement, dans ce qui se passait à l'extérieur. Il ne savait pas comment remonter jusqu'au fascisme. Il était tellement en phase avec lui en tant qu'artiste. Tous les intellectuels l'étaient. Certains l'évoquaient même ouvertement. Mais c'étaient aussi de vrais intellectuels en ce sens qu'ils ne faisaient pas qu'en parler. Ils agissaient aussi. C'est ce qui m'a attiré vers eux. Je viens d'une culture où la mort est très importante, bien sûr, et je voulais savoir ce qui l'avait permis ?

C'est là que les marxistes me posaient problème. Pas à cause de Marx, mais parce que ces gens pensaient qu'il suffisait d'analyser le fascisme pour comprendre ce qu'il était. Pour comprendre ce qu'est le fascisme, il faut savoir ce que sont les émotions et connaître leurs effets. Comment fait-on bouger les foules ? Qui déplace quoi, quand et dans quel but ?

Il n'est pas étonnant qu'au début du XXe siècle quelqu'un comme Gustave Le Bon ait écrit *Psychologie des foules*, qui a été lu par Hitler et la plupart des contemporains. Des millions de personnes venaient de leurs petits villages, où il n'y avait que l'instituteur et le prêtre. Ils se battaient entre eux pour voir ce qui était le plus important, la République ou l'Église ? Des industriels étaient allés prendre tous ces millions de personnes dans ces petits villages et les avaient jetées dans les villes où s'ouvraient des usines tous les jours et où ils étaient exploités à l'extrême en ignorant tout pour la plupart de ce que ces villes avaient à offrir.

Il fallait savoir quoi faire avec tous ces gens, les travailleurs. Trouver des solutions aux problèmes des salaires, des revendications, ne suffisait pas. Il fallait du concret. Les classes supérieures étaient submergées, alors elles ont inventé des gens comme Lénine, Staline, Hitler, j'en ai peur. Ils devaient créer un contexte dans lequel ces masses allaient être liées entre elles, en un sens.

Simone Weil, après avoir réalisé que les fascistes avaient gagné et que c'était fini, que tout le monde allait être tué en Allemagne et ailleurs, a dit : « Je veux me faire embaucher dans une usine. » Elle ne savait rien faire de ses mains, mais elle a dit : « Staline et Lénine sont-ils jamais allés dans une usine ? » Non, bien sûr, et elle a ajouté : « Je vais me faire recruter dans une usine, et je vais y travailler pendant un an, pour savoir ce que c'est que d'être un travailleur. » Tandis que les autres intellectuels prêchaient aux travailleurs, elle voulait faire l'expérience de l'usine. Au bout d'un an, elle a réalisé qu'elle était entourée non de personnes, mais d'esclaves. On voit cela aussi chez Bataille, d'autres encore, droit sortis de la culture grecque, de la culture grecque libre au milieu des esclaves. C'était juste des esclaves. Ils n'avaient pas de vie. Ce qui liait ces gens entre eux n'était pas la classe, parce que les classes sont faites pour se battre les unes contre les autres. Il fallait trouver comment rapprocher des gens de classes différentes. Et c'est ce qui se passait. Tout le monde cherchait des moyens concrets de pénétration. Pas de sortie, mais d'entrée.

La transgression était un des moyens, mais nous ne pouvons transgresser qu'à condition de savoir que nous le faisons. Qu'est-ce que nous transgressons? Quand il n'y a plus de Dieu, rien n'existe qui ait une quelconque valeur, un quelconque poids. Nous ne pleurions pas sur Dieu. Maintenant qu'il n'est plus là, qu'allons-nous faire? C'est pour moi tout le problème de la transgression.

La transgression n'est pas quelque chose de courant. Pour le meilleur et pour le pire, nous nous sommes éloignés de ce genre de traditions et de croyances. Je l'ai dit, tout dépend de l'endroit d'où nous parlons. Pour un musulman, la transgression est quelque chose de très actuel. Il suffit de faire un dessin d'Allah pour savoir exactement ce qui va arriver au cours des deux semaines suivantes. Ce qui est important pour le tiers-monde ne l'est pas forcément pour l'Occident.

Nous ne comprenons pas pourquoi des bombes explosent un peu partout. Il vaut la peine de faire exploser une bombe qui nous coûtera la vie si nous la considérons comme un sacrifice. Les djihadistes sacrifient leur vie. Ils créent un sacrifice. Ils créent le sacré. Le sacré est vivant grâce à eux, heureusement pour eux, mais pas pour nous.

Bataille avait une équipe de chercheurs. Ils ont dit: «Bon, mettons toutes les connaissances de notre côté, et oublions tout ça. Passons à l'action.» Ils ont même eu une idée encore plus folle: «L'important, c'est le sacrifice. Comment en produire un? Nous avons le sacré, mais comment produire du sacré? En faisant un sacrifice.»

Bataille était tellement extrémiste, à la fois de gauche

et de droite. Il s'en fichait. Il pensait que la classe ouvrière allait sans doute être écrasée par les classes supérieures : « Nous aimons les travailleurs, mais si, pour produire du sacré, nous devons tuer des travailleurs, nous le ferons. Seul compte le sacré. »

Quand des révolutions et des rébellions sont apparues dans certains pays, les intellectuels étaient tous pour que la classe ouvrière coupe la gorge à la classe supérieure. Ce qu'ils faisaient n'était pas marqué politiquement. Ils exploraient les limites. C'est exactement ça. Ils pouvaient être transgressifs parce qu'ils créaient une norme, et c'était positif. J'ai beaucoup de choses à dire à ce sujet, mais nous devons savoir de quoi nous parlons. Nos concepts sont universels. Nous pouvons les appliquer à une discussion sur la transgression, mais certains d'entre eux n'ont aucune raison d'être parmi nous. Les gens qui font des recherches dans ce domaine se fourvoient.

Tu as parlé d'une exposition sur Platon sur laquelle tu travailles. Mais pourquoi pas Nietzsche ? Nietzsche avait une vision entièrement nouvelle des Grecs. J'ai pu y voir le barbare en textures marbrées... Il en a extrait une culture entière qui n'avait pas été déifiée. L'appartement de Freud, avec tous ces objets grecs, vient de Nietzsche.

**D. G.** — Accepterais-tu d'en être le *curator* ?

**S. L.** — Trop vieux pour ça.

**D. G.** — Merci en tout cas.

**S. L.** — Cela me prendrait le reste de mes jours.

**D. G.** — Merci encore Sylvère. J'ai bien senti que c'était ta déclaration. Puis-je te poser d'autres questions ?

**S. L.** — Bien sûr.

**D. G.** — Tu as parlé de transgression, mais omis l'autre côté de mon équation, qui est la subversion.

**S. L.** — Tu as raison. C'est pis encore.

**D. G.** — Je t'écoute.

**S. L.** — Subvertir signifie littéralement saper, le pouvoir, l'autorité, etc., d'un système établi. *Sub* indique que cela vient d'en bas, ce qui pose problème. Venant d'en bas, si nous voulons subvertir, renverser quelqu'un, celui-ci doit vraiment être au sommet.

Pour revenir à Foucault, je dirais que je n'ai pas vraiment exploité tout ce que recèle l'affaire du régicide Damiens. Si nous voulons subvertir, nous avons besoin d'un bas et d'un haut. La subversion signifie que les deux catégories s'opposent l'une l'autre, qu'elles s'affrontent. Foucault a mis cela au jour et montré que le pouvoir n'existe pas, qu'il vient non d'en haut, mais d'en bas.

Toute l'idée de souveraineté, tellement mise à contribution au cours des temps modernes, disparaît. La question n'est plus de trouver une règle, mais d'être subversif. Or il n'est pas si facile d'être subversif, il faut savoir ce que l'on fait. Les seuls à avoir su quoi faire ont été les fascistes et, bien sûr, les bolcheviks. Je ne veux pas m'étendre sur ce sujet, qui est à la fois très complexe et très douloureux dans l'histoire du XX<sup>e</sup> siècle, qui a vu la religion même de l'humanité se transformer en un immense massacre.

Pour en revenir à la subversion, si notre société, ou plutôt le pouvoir dans notre société ne vient pas du haut et ne rayonne pas vers le bas, par le biais de réseaux importants – puisque tout est réseau –, comment pouvons-nous subvertir quelque chose qui est situé au bas de l'échelle ou qui rend le bas et le haut non pertinents ? La subversion est difficile.

Qui l'a compris ? Prenons Hitler. Il a commencé comme un pauvre artiste, venu de la rue et sans carrière. Mais il parlait bien, et ce dont il parlait enthousiasmait les gens. Il a représenté une aubaine pour des gens qui sortaient tout juste de la Première Guerre mondiale et étaient non seulement totalement déprimés, mais opprimés par des classes supérieures sans scrupules. Toute la société été livrée à des gens qui étaient des tueurs.

Il n'y a plus de niveaux aujourd'hui. Cela signifie que nous ne pouvons pas subvertir, que la subversion est devenue impossible. Hitler était parvenu à grimper jusqu'au sommet. Il savait exactement comment parler à ceux qui avaient été détruits et appauvris en Allemagne. Il parlait leur langue et savait qu'il devait leur insuffler des émotions. Les marxistes savaient cela, eux aussi, sauf quand ils analysaient les choses. Mais ils n'avaient pas l'organisation de Hitler. C'était des gens dangereux parce qu'ils dépassaient les limites, mais ces limites étaient celles données par la société bourgeoise.

Si nous commençons tout en bas et que nous nous élevons, que ce soit en tant que personne ou en tant qu'institution, alors le monde est à nous. C'est ce qu'ils ont fait. Des gens tels que «notre ami» Trump parlent la langue des travailleurs, mais ils font tout ce qu'il est possible de faire contre eux. Comme Hitler. Il est allé voir le chef de l'industrie et lui a dit : «Eh bien, vous êtes dans le pétrin on dirait. Je vais vous apporter une guerre. Comme ça, vous pourrez gagner de l'argent à nouveau.» Le chef de l'industrie devait juste donner de l'argent aux fascistes.

Ces gens étaient des stratèges. Ils savaient qu'ils avaient affaire à des populations qui voulaient exister, résister, qui étaient opprimées, en colère, débordaient d'émotions. Ils savaient qu'ils devaient les convaincre. Si Trump est un fasciste, c'est parce qu'il est à la fois le plus bas du bas et le plus haut du haut. Le fascisme, c'est les deux en même temps. Si nous ne prenons que l'un, ce n'est plus du fascisme.

Trump est entouré de néofascistes, des gens réels, déterminés, sans scrupules. Ils sont prêts à tout pour opprimer encore plus les gens, les expulser, etc. Trump est dangereux, très dangereux, pas parce qu'il serait stupide, il ne l'est pas quand il s'agit de donner aux gens leurs tweets, surtout à ceux qui semblent être au bord de la rupture : les hommes blancs. Les autres, notamment les démocrates, n'y prêtaient pas attention.

Dans les années 1980, l'industrie a changé. Les industriels se sont dit : « Allons explorer le reste du monde. Nous n'avons pas besoin d'usines inefficaces aux États-Unis, démantelons-les et allons les mettre ailleurs. » Ce faisant, ils ont créé un problème et n'ont pas voulu le régler. Le problème est qu'il existe ici une classe qui est totalement sans voix, sans pouvoir. C'est un problème qui n'est pas mort avec les fascistes, avec Hitler. Le même ressort qui a redressé les gens dans les années 1930 et 1940 et les a fait se battre les uns contre les autres est toujours là.

On nous a dit pendant longtemps qu'il n'y avait aucune chance que le fascisme revienne, surtout en Amérique. Et soudain, voilà que le fascisme revient, frais comme une rose. Et il frappe à notre porte à six heures du matin.

# 6

# SUR PIERRE GUYOTAT

**D. G.** — Sylvère, tu es, avec *Semiotext(e)*, l'éditeur de Pierre aux États-Unis en même temps que l'un des plus anciens défenseurs et admirateurs de son œuvre. Pierre m'a dit que vous vous étiez rencontrés pour la première fois en 1984, je crois quand tu l'avais invité à Columbia. Pourrais-tu me parler de cette première rencontre ? Pourquoi l'avais-tu invité et pourquoi étais-tu déjà si intéressé par son œuvre ?

**S. L.** — C'était lié à mon travail à Columbia et à mon cours sur Artaud, Bataille, etc. Mais en fait, la première fois que j'ai rencontré Guyotat, c'était non à Columbia, mais lors d'un colloque tenu dans le joli petit château normand de Cerisy-la-Salle, en juillet 1972.

J'avais emmené mes étudiants américains pour la durée de la fameuse «Décade» Artaud-Bataille organisée par le groupe Tel Quel. Après ces dix jours, j'ai réalisé qu'il y avait deux camps à Cerisy. D'un côté, Tel Quel, un groupe à proprement parler, de l'autre, Guyotat. Cela m'a intéressé. Je n'avais pas prévu de t'en parler tellement, mais oui, le contraste, je ne dirais pas l'inimitié, entre les deux camps, m'a semblé essentiel. Guyotat incarnait en un sens ce dont Tel Quel parlait, mais sans aller jusqu'au bout.

Guyotat et Tel Quel, avec notamment Julia Kristeva et Philippe Sollers, semblaient appartenir au même monde, mais ce n'était pas du tout le cas. Pour l'expliquer, il faudrait entrer dans le cercle de l'intelligentsia culturelle parisienne et éclairer son fonctionnement.

Cela avait aussi beaucoup à voir avec la façon dont Guyotat était reçu. Il y avait deux formes de subjectivité, si tu veux. En fait, Guyotat essayait depuis le début de se débarrasser de lui-même, le sujet, le «je», etc. Sa position contrastait en tout point avec cette expression culturelle de l'esprit français des salons littéraires. Ce qui se passait, c'est que les membres du groupe Tel Quel parlaient d'Artaud et de Bataille, mais faisaient tout sauf du Artaud et du Bataille. Ils illustraient quelque chose, mais sans parvenir à le pénétrer.

Je me souviens, par exemple, qu'un soir ou un après-midi pluvieux, Sollers s'était mis au tennis de table et mettait tout le monde au défi de l'affronter. Chaque fois que c'était son tour de céder la place, il refusait. Il devait être le premier. Il était celui qui disait ce que la vie culturelle était censée être. Sollers était l'exact contraire de Guyotat.

**D. G.** — Quelle a été l'attitude de Pierre ?

**S. L.** — Nous nous sommes regardés tous les deux et nous avons ri. Ce que Sollers essayait d'imposer, il l'avait déjà fait mille fois. C'était tellement flagrant. Je ne savais rien de Guyotat à l'époque, mais je me suis soudain rendu compte que j'avais devant moi Artaud et Bataille là, présent, pas un personnage.

Ils se trouvaient à des niveaux tellement différents. L'un parlait de transgression, l'autre l'incarnait.

**D. G.** — Penses-tu vraiment que Pierre incarnait la transgression ?

**S. L.** — Ce qui m'a le plus surpris lorsque j'ai rencontré Guyotat en personne est qu'il semblait appartenir à un autre univers. Tous les participants de la Décade étaient assignables à un endroit précis, sauf lui. Le paysage culturel français est extrêmement bien circonscrit, mais lui ne se situait nulle part. Il y avait aussi son attitude : il paraissait se suffire à lui-même, et être plutôt fier de ce qu'il faisait.

Pour autant, il ne se mettait jamais au centre du jeu, à la différence de Sollers. Des deux, il était le plus proche d'Artaud et de Bataille, et c'est ce dont je t'ai parlé lors de notre conversation sur la subversion l'an dernier.

La subversion est simple au sens où elle consiste à renverser les valeurs établies. L'exemple que nous pourrions prendre, et que nous avons eu en permanence à l'écran pendant quatre ans, est celui de Donald Trump. Ce président était un idiot, mais un vrai idiot, l'incarnation de l'idiot.

D'un côté, nous avions le gang de Sollers, de l'autre, le gang Guyotat. Sauf que Guyotat était seul, un groupe à lui tout seul.

**D. G.** — Après t'être lié d'amitié avec Pierre, comment as-tu suivi son évolution?

**S. L.** — À ce stade, son évolution ne se faisait encore qu'en France. C'était totalement secret, mais aussi sacré.

**D. G.** — Sacré et secret?

**S. L.** — Oui, il a fallu beaucoup de temps pour que Guyotat soit reconnu et lu. Il ne bénéficiait pas de la notoriété qu'il a acquise aujourd'hui. Ce n'est que très récemment que des gens qui admiraient son œuvre ont essayé de voir comment elle fonctionnait.

La dernière fois, nous parlions de subversion. La subversion est ce qui se produit lorsqu'il n'y a plus d'ordre. Je pensais à Artaud et à son texte *Héliogabale ou l'anarchiste couronné*, qui n'est pas très lu. Héliogabale était un roi en Syrie, en Asie, au Moyen-Orient. Quand on lui a proposé de devenir empereur à Rome, il est venu à pied avec toute sa suite, qui occuperait ensuite tout le pouvoir. Il est allé à Rome en montrant son derrière, et tout le monde autour de lui a été renversé. C'était la subversion de toutes les valeurs, la subversion de la loi.

Comme si cela ne suffisait pas, il a commencé à détruire systématiquement toutes les valeurs auxquelles il était censé adhérer. Il était entouré de gardes, mais les gardes se baisaient entre eux. Les gays faisaient partie du cortège. Il renversait toutes les valeurs.

**D. G.** — Penses-tu que Pierre était une sorte d'Héliogabale ?

**S. L.** — Je ne lui ai jamais demandé, mais je lui ai parlé très tôt d'Artaud. Sauf erreur, je ne crois pas qu'il s'intéressait tellement à lui à l'époque. Ce qui m'attirait chez Guyotat n'était évidemment pas qu'il ait pu imiter ou être inspiré par qui que ce soit. C'est quelque chose dans sa sensibilité qui me plaisait et qui lui plaisait à lui aussi, bien sûr.

**D. G.** — Pierre incarnait et incarne une sorte d'art d'avant-garde, et c'est quelque chose qui t'intéressait et t'intéresse énormément. Est-ce le fait qu'une écriture d'avant-garde existe encore et soit là ?

**S. L.** — Vrai. En France ?

**D. G.** — Partout.

**S. L.** — En France, l'art a disparu pendant vingt ans. Guyotat n'a donc pas pu y trouver la moindre source d'inspiration. Après la prise du pouvoir artistique par New York, les Français s'y sont installés, voilà tout. L'art mettrait vingt ans pour revenir en France. Il n'était d'ailleurs pas évident de trouver un modèle quelconque où que ce soit. Ce qui m'intéressait était le fait qu'Artaud ne semblait pas vraiment inspirer Guyotat. C'est pourquoi j'ai dit qu'il avait dû le découvrir assez tard. Quant à ce qui m'intéressait moi dans Artaud, c'était évidemment le fait qu'il détruisait toutes les valeurs qui prévalaient en Occident.

Les gens ne parlent pas beaucoup de Rimbaud, mais ce qu'il faisait correspond exactement à ce que Guyotat essayait lui aussi de faire. Ce qu'il détruisait, c'était lui, comme Héliogabale, et non la société ; mais s'il se détruisait lui-même, c'était pour pouvoir la détruire en lui.

Ce qui m'intéressait, c'est que Guyotat avait réalisé que, pour écrire, sans parler de dessiner – car je ne connaissais pas beaucoup ses dessins à l'époque –, pour faire ce qu'il voulait faire, et qui était très ambitieux, il devait se débarrasser de lui-même. Il devait se détruire afin qu'il advienne quelque chose qu'il ne connaissait pas réellement à l'avance. C'est ce travail sur soi qui m'a tant impressionné, l'extrémité qu'il était prêt à atteindre pour pouvoir simplement écrire.

Il y avait dans son attitude quelque chose de fier, à nouveau, mais aussi d'humiliant, comme s'il devait se détruire pour arriver à un point de commencement, ce point où il pourrait se mettre à écrire. C'est cela qui m'a énormément touché.

Guyotat avait compris que le travail qu'il avait à faire, en un mot la remise en cause des valeurs occidentales, devait d'abord s'accomplir en son sein. Il n'était pas né dans une société qui lui aurait facilité la tâche, comme les États-Unis. D'une manière ou d'une autre, il a dû recréer un monde où des valeurs existent. Il n'avait hérité de rien. Il a dû recréer ces valeurs à sa manière.

C'est pourquoi je parlais de transgression. La génération des Artaud, Bataille et, de façon curieuse, Guyotat a dû recréer entièrement des valeurs qui étaient pourtant censées exister ; pour cela, chacun d'eux a d'abord dû les chasser de lui-même.

Voilà ce que j'ai compris de l'exploit qu'il a accompli. Il a dû, méthodiquement, libérer l'inceste.

**D. G.** — Libérer l'inceste ?

**S. L.** — Oui. Artaud, Bataille, Weil et l'ensemble de cette génération d'intellectuels français qui a été livrée à un monde sans valeurs, sans dieu, sans rien en quoi croire, ont dû tout recréer par eux-mêmes. Par exemple, à la mort d'Artaud, Bataille a dit qu'il ne l'avait jamais rencontré. En un sens, ils ne pouvaient rien faire d'autre que se détruire eux-mêmes afin de créer des valeurs qu'il vaudrait la peine d'investir.

**D. G.** — Tu suis le travail de Pierre depuis quarante ans. Que penses-tu de ses dessins, à présent que tu les connais, et de leurs relations à l'œuvre ?

**S. L.** — Je ne suis pas historien de l'art. J'ai pris des cours de dessin, mais je ne sais absolument pas ce que c'est que d'en faire. J'ai découvert très tard la pratique du dessin par Guyotat. Je ne connaissais de lui que sa textualité. En France, tout passe par le texte et la langue.

**D. G.** — Ce que les dessins nous montrent, c'est que son travail est également très visuel. Je pense aussi que c'est un lien intéressant parce que, comme Guyotat l'a dit et toi aussi, il est important de déchiffrer ce qui passe par le langage. Et, dans le même temps, il y a ce qui passe par les visions. Les dessins sont des bribes de visions.

**S. L.** — Oui, de prime abord, c'est très visuel. Mais ce qui est intéressant, en fait, c'est que ce n'est pas seulement *visuel* : c'est *extrêmement visuel*. Ce groupe des Artaud, Bataille, etc., dont les membres ne peuvent adhérer à quelque chose que s'ils le poussent à l'extrême, Guyotat l'a rejoint en venant dix ou vingt ans après. Il n'avait pas besoin de les connaître. Il devait simplement suivre sa propre trajectoire jusqu'à ce que celle-ci l'amène à quelque chose qu'il ne connaissait pas encore, mais qui allait définir sa vie.

La transgression est impossible dans notre monde. Artaud et tous ces gens vivaient entre deux mondes, et ils se sont retrouvés sans rien à quoi se raccrocher. La transgression ne peut exister que dans une société où Dieu, la loi, etc., sont aux commandes. Ce qui s'est passé avec ce groupe est qu'il a dû affronter, avec la Première Guerre mondiale, l'anéantissement de tout ce qui constituait les Français, leur culture. Ces gens sont nés dans un panorama de mort.

**D. G.** — N'est-ce pas aussi le cas avec Pierre et la Seconde Guerre mondiale ?

**S. L.** — Absolument. Il a toujours réussi à faire référence aux personnes de sa famille qui avaient été déportées, arrêtées en tant que résistants, etc. La mort était leur panorama. J'étais bien sûr très intéressé par cela, venant de ce même endroit, le panorama de mort, et presque en même temps.

Pour eux tous, la mort était une façon de venir à l'existence. La mort était la seule chose à laquelle ils pouvaient se raccrocher et qu'ils devaient mettre à profit. En d'autres termes, ce qui s'était passé entre les deux guerres mondiales était le fait que, alors que la guerre était partout, la façon dont elle avait envahi la vie occidentale n'avait pas été reconnue. Un certain groupe avait dû prendre en main la reconstitution de ce qui avait été détruit. Je suis très frappé de lire que vingt-cinq millions de personnes ont été tuées pendant la Première Guerre mondiale. Ce n'était que le début d'un charnier encore plus grand, celui de la Seconde Guerre mondiale.

Tous ces gens venaient de l'Église, qu'ils aient été chrétiens ou non, mais ils se tournaient vers des gens et des pratiques qui pouvaient les faire revivre.

Cela fascinait Artaud. Il savait qu'il était déjà mort et que, pour cette raison, il était capable d'en parler. Pas seulement en parler d'ailleurs, mais en prendre acte. Nous pouvons mettre cela en termes métaphysiques, mais ces gens n'étaient pas sujets à l'abstraction.

Tout ce qu'ils faisaient, tout ce qu'ils écrivaient avait à voir avec la mort. Cela venait de leur panorama de mort. Je me sens si proche de Guyotat.

La première conversation a été publiée en anglais dans *Purple Fashion Magazine*, n° 26, automne/hiver 2016 ; la deuxième et la troisième se sont tenues en privé au domicile de Sylvère, respectivement le 18 février 2017 et le 27 février 2018, mêlant français et anglais ; les quatrième et cinquième ont eu lieu en public, en anglais, à l'espace The Box, à Los Angeles, dans le cadre d'abord de ma série «Anatomy of Subversion», le 1er mars 2017, puis des «Scenes and Stages Talks», le 3 février 2019, organisées en collaboration avec *Semiotext(e)* à l'occasion de l'exposition de Pierre Guyotat et Christoph von Weyhe.

La traduction des entretiens en anglais a été réalisée par Olivier Salvatori.

© DIAPHANES,

Zurich-Paris-Berlin 2021

ISBN 978-2-88928-080-3


Layout: 2edit, Zurich

Achevé d'imprimer dans

l'Union européenne